사랑하는
나의 딸에게

*Letters of*

*a Businessman*

*to his daughter*

# 사랑하는
# 나의 딸에게

**G. 킹슬리 워드** 지음

**김대식** 편역

봄봄
스토리

## 목 차

# 나의 딸과
# 세상의 모든 딸에게

사랑하는 딸 줄리에게 나의 진심과 정성을 가득 담아 쓴 편지를 책으로 묶었다.

나이를 먹고 나서 되돌아보니 젊음이란 건강이나 경제적인 문제 등으로 고민할 필요가 없는, 맛있는 와인 같은 장밋빛 나날이며 한 없이 부러운 시기이다.

물론 젊은이에게 젊음은 불안과 고민을 상징하는 단어이며, 극단적인 경우에는 커다란 패배를 경험하는 시기로 인식되기도 한다. 현재 15세에서 25세까지 젊은이들의 사망 원인 1위가 자살인 나라가 대단히 많다.

대부분 젊은이들이 이 무거운 짐을 혼자서 짊어지고 간다.

그래서 그들을 사랑하고 아끼는 부모조차도 그 절망감을 눈치 채지 못하는 경우가 허다하다. 사태가 이렇게 발전하는 가장 큰 원인은 의사소통의 결여이다. 일찍이 수필가 조제프 주베르는 "젊은이에게 물어보라. 그들은 모든 것을 알고 있다."라고 말했다.

현대의 젊은이들은 대부분 혼자서 고민하는데, 이러한 행동은 부모와 자식 사이를 멀어지게 하고 서로 반대 방향으로 걸어가게 한다. 우리는 그것이 어린 새가 둥지를 떠날 준비를 하는 날갯짓임을 알지 못한다. 부모도 과거에는 자기 자식들이 그러하듯 자유롭고 제약 없는 넓은 공간에서 자신의 성숙함을 시험해볼 권리가 있다고 주장했다. 이러한 성장 단계에 있는 자식과 의사소통을 계속하기란 매우 어렵다. 게다가 서로 상대방의 입장을 존중하는 마음이 없다면, 부모와 자식 사이에 생긴 틈에 새로운 다리가 놓이기까지는 수 년이 걸리는 경우도 흔하다.

내가 이렇게 편지를 쓰는 이유는 종이에 씌어 있는 글을 읽으면 경험에서 우러난 생각이라고 느낄 것이고, 엄한 명령이나 선언보다 호소력을 갖으리라고 기대하기 때문이다. 사람들은 아버지가 아들에게 보내는 편지인『사랑하는 나의 아들에게』라는 제목으로 출판된 나의 조언을 내 아들이 받아들이고 있는지 묻곤 한다. 나의 대답은 "물론"이다. 우리는 적어도 편지에서 제기되었던 몇 가지의 문제에 관해서는 격한 언쟁을 피할 수가 있었다. 의견이 다를 때에는 논쟁이 과열되기 전에 그 책의 어느 부분을 읽어보라고 권유했다.

그렇게 하여 우리는 서로가 편안하게 이야기를 나눌 수 있었다. 말이 감정적으로 흐르거나 상대방에게 틈을 주지 않고 끈질기게 설득하려 하면, 듣는 쪽에서는 귀를 막고 마음을 닫아버린다. 그럴 때는 편지로 말하는 편이 더 효과적이고 마음에 깊이 새기게 된다.

딸에게 보내는 이 편지에 나는 인생과 비즈니스에 관한 개인적인 견해를 담았다. 어떤 주제를 다루든 설교나 강의를 할 생각은 없으며 명령할 마음도 없다. 또한 비즈니스 이론을 피력하려는 것도 아니다. 이 책에 담긴 모든 내용은 비즈니스에 있어 가장 기본이 되는 조언이며 실제로 경험하여 얻은 교훈이다. 고속도로를 내달리듯 빠르게 돌아가는 오늘의 일상생활 속에서 잊어버리기 쉬운 기본적인 교훈을 가끔 되돌아보며 반성하기 위한 비망록인 셈이다.

나는 성취가 행복의 기본이라는 말을 진심으로 옳다고 생각한다. 남을 능가하는 업적을 이룰 필요는 없다. 자기 자신의 목표를 달성하는 것으로 충분하다. 대상이 무엇이든, 어떤 수준이든 상관없다. 무언가를 달성하기 위해서는 노력이 필요하다. 그리고 노력에는 격려가 필요하다. 특히 젊은이는 잘못을 범하기 쉽고, 또 잘못을 저질렀을 때에는 낙담한 나머지 극단적인 행동으로 치닫곤 하기 때문에 무엇보다 정신적인 지주가 필요하다.

젊은이에게 용기를 부여하는 가장 확실한 것은 부모의 열의와 뒷받침이다. 나는 이 편지를 통해 인생을 살아오면서 배운 많은 것들을 딸에게 진심으로 선사하고 싶다.

현대에 이르러 가정 대신 직장을 선택하는 여성이 점차 증가하고 있다. 그리고 많은 여성들이 여성을 위한 새로운 분야를 개척하면서 전례가 없는 큰 성공을 거두고 있다. 새로운 시대의 이러한 성과는 수세기에 걸친 여성들의 노력과 인내의 결과이다. 새로운 가정생활에서는 부부 사이의 관계가 더욱 친밀해야 하며 아이들의 양육 환경도 수준이 높아야 한다. 그리고 부부는 육아에 대한 책임을 공동으로 져야 한다.

맞벌이 가정에는 그들만의 특수한 문제가 있기 때문에 나름대로 대처하고 극복하지 않으면 안 된다. 그래서 의사소통이 그 무엇보다 중요하다. 부부가 함께 유연함을 유지하고 서로 기분 좋게 양보할 수 있어야 한다. 그리고 상대의 직업과 가치를 존중해야 한다. 그렇게 하면 틀림없이 건전한 방향으로 가정생활을 이끌어나갈 수 있을 것이다. 여성은 이미 이러한 사실을 알고 있다. 그러므로 전근이나 전직에 관해서, 또는 아기 기저귀를 갈아주거나 병원에 데려가는 일에 관해서, 설거지나 주말 쇼핑에 관해서 남성이 생각을 바꾸기만 하면 된다.

흥미로운 점은 공자, 노자, 아리스토텔레스, 호라티우스, 셰익스피어, 베이컨, 괴테, 에머슨, 소로 등 수많은 위인이 남긴 말들 대부분이 우리의 부모님께서 70세쯤 되셨을 때 한 이야기와 그다지 다르지 않다는 사실이다. 나의 부모님께서는 이런 위인들의 업적은 하나도 몰랐지만, 이들과 같은 교훈을 많이 가르쳐주셨다. 19세기 덴마크의 위대한 철학자 키에르케고르는 이렇게 말했다. "인생은 되돌아봐야만 이해할 수 있는 것이지만, 앞으로 살아나가야 하는 것이다."

격려를 받으며 인생의 단편을 연계하여 이해할 수 있는 넓은 시야와 통찰력을 기를 수 있다면, 젊은이에게 불가능한 일이란 아무것도 없다. 이 편지가 성공적인 인생을 원하는 이들의 앞길에 도움이 되기를 바라면서 나의 딸과, 그리고 과감하게 꿈을 추구하고, 실패하고, 성공하기까지 몇 번이라도 다시 도전하는 모든 젊은이들에게 사랑을 전한다.

# 새로운 출발점에서

딸은 커다란 변화의 문 앞에서 불안해한다. 아버지는 그런 딸에게 학업과 취미 활동에 대해서 그리고 진실한 친구를 사귀는 방법에 대해서 조언한다.

## 사랑하는 줄리에게

고등학교에 입학하면 너는 새로운 학교, 새로운 친구, 그리고 새로운 학문을 접하게 될 것이다. 모든 것이 불안하고 두려운 마음이 들기도 하겠지. 어쩌면 학교에 들어가서 네가 정신적으로 믿고 의지할 수 있는 친구를 쉽게 만나지 못할 수도 있단다.

지금 네 앞에서 널 기다리고 있는 커다란 변화가 반갑게 느껴지지 않을 수 있지. 그러나 매일매일 해가 뜨고 지는 것처럼 인생의 변화도 끊임없이 성공과 실패를 반복하며 찾아든단다.

언제나 낙천적인 태도로 변화에 맞설 용기가 있다면 그 변화를 두려워할 게 뭐가 있겠니. 미래에 대한 두려움은 아버지와 둘이서 풀어나가자꾸나. 너와 내가 함께 머리를 맞대면 두려움도 어느 정도는 해결되지 않을까 싶구나.

새 학교에 입학하면 아는 사람이 단 한 명도 없을 테니, 어떻게 친구를 사귀어야 할지 걱정부터 앞서고 막막할 게다. 충분히 그럴 만하다고 이 아버지는 생각한다. 많은 사람들 속에 파묻혀 있어도 '나는 혼자'라는 외로움을 느끼게 되고, 그 외로움이 두려움으로 엄습해올 테지. 그러나 그 외로움은 네 곁에 오래 머물지 않을 게다.

많은 사람들 속에 너처럼 새 학교에 입학한 학생이 있을 테고 그 애들도 너처럼 절실히 친구가 필요한 건 마찬가지일 테니 말이다. 네가 먼저 그런 친구들을 찾아보는 건 어떨까? 네가 먼저 그 친구들을 찾아가 외로움을 달래준다면 틀림없이 네가 느끼는 외로움을 어느 순간 잊게 될 게다. 정말 마술처럼 말이다. 그리고 그 수많은 사람들 중에서 너는 인생의 가장 값진 선물을 하나(운이 좋으면 여럿일 수 있겠지) 얻게 될 게다.

진실한 친구만큼 큰 선물은 없단다.

친구를 선택하는 데는 어느 정도는 까다로울 필요가 있단다. 너는 분명 마음씨가 곱고, 밝고 건강한 웃음을 지닌, 어떤 일에나 웃음을 보일 수 있는 그런 친구, 네가 언제나 믿을 수 있는 친구를 만나고 싶을 것이다. 아마도 너와 잘 어울릴 수 있는 친구를 찾게 되겠지.

기억해두렴. 새로운 친구를 사귀는 가장 쉬운 방법은 네가 먼저 그의 친구가 되어주는 거란다. 그렇다고 만난 지 하루 이틀 만에 그 친구에게 과잉 친절을 베풀어서 환심을 사거나 감동을 주라는 말은 절대 아니란다. 두 사람이 서로에 대해 더 잘 알게 되고 진정한 우정을 꽃피울 수 있는 충분한 시간이 필요하단다. 그 친구에게 네가 변함없는 진실한 친구가 될 수 있다는 것을 보여준다면, 하루하루 우정이 쌓여가는 것을 느낄 수 있을 게다.

때로는 믿었던 친구가 생각만큼 믿음직스럽지 못하다는 사실을 발견할 수도 있을 게다. 그런 일이 생긴다면 당연히 크게 실망하겠지. 그러나 이미 끝난 일로 너무 속상해하거나 고민할 필요는 없단다. 그럴 때일수록 그 빈자리를 채워줄 친구, 너의 우정이 가치를 발할 수 있는 친구를 찾는 게 현명하다.

이 아버지의 경험에 비춰 보면 말이다. 네가 우울할 때 그저 동정심으로 네 이야기를 들어주는 친구는 좋은 친구가 아니다. 네가 기쁠 때 진정으로 너의 기쁨과 행복을 같이 나누려는 친구가 진짜 좋은 친구다. 너 역시 그 친구가 기쁠 때나 슬플 때나 곁에 있어줘야 한다는 사실은 굳이 말하지 않아도 잘 알겠지.

평생 친구로 남는 경우도 있지만 안타깝게도 대부분의 친구 관계는 오래 가지 못한다. 끝까지 친구로 남지 못하고 그 우정이 끝이 났을 때– 아마 대부분 너의 의지가 반영된 결과일 것이다–그것이 모두 너의 잘못이라고 스스로를 자책하지 않았으면 한다. 비록 두 사람의 언쟁으로 시작해서 한 사람이 결말을 내지만 언쟁의 결말을 내는 사람, 즉 악역은 정해져 있는 게 아니고 또 우정은 그런 식으로 성장해가는 게 아니다.

두 사람 사이의 끈끈한 우정은 끝났지만, 그 친구가 도움을 필요로 할 때 그 우정이 다시 빛을 발하기도 하거든. 과거의 친구에게 도움의 손길을 내미는 것은 쉽게 맛볼 수 없는 가치있는 경험이란다.

친구를 보면 그 사람을 알 수 있다는 말이 있다. 그러니 정말 좋은 친구를 사귀어라. 너는 아버지에게 그만큼 가치 있는 아이니까. 비록 내가 너의 많은 훌륭한 자질을 편견을 가지고 바라본 적도 있었지만 말이다.

자. 이제 네 학업에 대한 이야기를 좀 해볼까. 항상 훌륭한 점수를 받았고 네 스스로도 자랑스럽게 여겨왔겠지. 그러나 학년이 올라간 만큼 학업은 점점 힘들어질 것이고 과연 예전의 훌륭한 성적을 유지할 수 있을까 하고 걱정이 될 게다.

걱정할 필요도 없고 불안해할 필요도 없단다. 공부하는 시간을 늘리고 그만큼 노력을 기울인다면, 원하는 만큼의 좋은 성적은 당연한 결과 아니겠니? 그다지 좋지 못한 성적을 받은 과목은(몇 안 되기를 바란다.) 스스로 원인을 분석하고 그 원인에 떳떳이 승복하는 자세를 갖는다면, 그 과목에 필요한 만큼 충분히 공부하지 않았기 때문에 얻은 결과임을 깨닫게 된다. 어떤 과목에는 다른 과목에 비해 더 많은 노력과 준비가 필요하단다. 네게 특히 어렵다고 생각되는 과목과 그렇지 않은 과목을 분리하여 어려운 과목을 먼저 공부한 다음, 나머지 과목을 공부해보는 건 어떻겠니?

인간의 지성은 하루에도 대단히 많은 양의 정보를 흡수할 수 있지만, 그 정보를 자기 것으로 만드는 데에는 한계가 있다. 일정한 흐름의 정보를 매일매일 축적해나간다면 1년 후에는 굉장한 양의 지식을 얻을 수 있을 것이다. 필요한 지식을 시험 전날 머릿속에 억지로 채워 넣지 않도록 조심해라. 어떤 학생들은 이런 방법으로 시험을 준비하는데, 한동안은 그럭저럭 효과를 볼 수 있지만 얼마 지나지 않아-시간이 흐를수록, 그리고 공부할 양이 늘어날수록-그런 학생들은 낙오되게 마련이지.

습관은 '좋음'과 '나쁨'이라는 두 가지 형용사로 이루어져 있단다. 성공의 필수 요건 중의 하나는 어렸을 때부터 길러온 올바른 공부 습관이다. 어렸을 때 잘못 기른 공부 습관이나 지식에 대한 무관심은 시간이 흐를수록 되돌리기 힘들어지고, 후에 실패와 절망으로 고통받게 될 수 있다. 이 아버지는 네가 부디 올바른 공부 습관을 몸에 익혀, 늘 네 시험 결과를 같이 축하하고 기뻐할 수 있었으면 한단다. 그렇게 되면 네가 시험결과에 실망하여 눈물 흘리는 가슴 아픈 광경을 보지 않아도 되니 기쁨이 두 배가 되겠지.

너에게 몇 마디 더 충고를 하고 싶구나. 너희 학교는 다양한 과외 활동을 적극 권장한다고 알고 있다. 스포츠, 음악, 예술, 사진 등 다양한 영역에 걸쳐 어떤 과외 활동이 가능한지 잘 살펴보고 적극적으로 참여하길 바란다. 학업에만 열중하다보면 정신이 쉽게 지치고 따분해지게 마련이니, 일상의 변화(과외 활동)를 통해서 정신과 육체가 휴식을 얻을 수 있는 방법을 찾아보아라. 스포츠나 그 밖의 레크리에이션으로 몸이 건강해지면 정신도 건강해지는 법이란다. 정신과 육체가 휴식을 취해서 재충전되면 공부도 더 잘 되게 마련이지.

앞으로 몇 달 동안, 새롭고 마음을 따뜻하게 하는, 그리고 평생을 함께할 수 있는 교우 관계를 형성할 수 있게 되기를 이 아버지는 바란단다. 아버지는 네 새 친구들을 하루 빨리 만나보고 싶구나. 집에도 자주 놀러 왔으면 좋겠다.

네가 새로운 학교생활을 즐기고 학교 안에서나 밖에서나 네가 이루고자 하는 모든 일을 다 성취하기를 바란단다. 그러나 한 가지 명심해야 할 점이 있다. 네가 이루고자 하는 목표의 단계는 부모가 정해주는 것이 아니라는 점이다. 네가 이루어나가야 할 그 단계는 바로 네가 정해야 한다. 너의 인생은 너의 것이지 나나 네 엄마의 것이 아니기 때문이다. 그렇다고 너의 인생이나 목표에 관심이 없다는 얘기는 아니다.

우리 딸의 성적표는 단순히 선생이 주는 점수가 아니라 네 스스로의 노력에 대한 점수가 되었으면 한다. 어떤 과목에서 50점을 받았다면 80점을 받은 과목보다 두 배의 노력을 기울여야 한다. 우리 딸은 항상 100점의 노력을 기울이기를 바란다. 노력한 만큼 대가는 따라오게 마련이다.

스펜서는 이렇게 말했다.

"변화는 끊임없이 돌고 도는 수레바퀴이다."

그 변화를 두려워하지 마라. 변화는 어떤 일을 시작하기 위한 또 하나의 자연 법칙이란다.

– 너를 사랑하는 아버지가

# 미래를 꿈꾸는 너에게

고교 생활의 막바지에 접어든 딸이 진로 문제로 고민한다.
아버지는 그런 딸에게 10년 후 자신의 모습에 만족할 수 있는 방법
을 자세하게 설명해준다. 그리고 심각한 결정을 눈앞에 두고 답답하
지만 이 순간이 일생에서 가장 즐겁고 꿈 많은 시기라는 것을 잊지
말라는 충고를 덧붙인다.

## 사랑하는 딸에게

고교 생활의 막바지에 접어들게 되니, 진로 문제로 고민이 많은
것 같구나. 그러한 고민은 비단 너만의 것이 아니란다.

거대한 결정을 내려야 하는 많은 젊은이들이 너와 같은 불안을
느낀단다. 네가 겪는 이 망설임의 시기는 역사가 시작되기 이전부
터 젊은이들을 괴롭혀왔단다. 나이 든 사람들은 우유부단한 태도

를 '젊은이의 일시적인 변덕'이라 하여 상대하지 않기도 하지만 나는 그렇게 생각하지 않는다. 나는 오히려 인생의 기로에 선 젊은이들이 방향을 잡지 못하고 방황하는 것은 우리 기성세대의 탓이라고 생각한다.

우리들은 사회의 구성원으로서 젊은이들이 확신을 갖고 미래의 직업을 결정할 수 있도록, 신뢰할 수 있고 실제로 도움이 되는 정보를 충분히 제공해야 하지만, 유감스럽게도 그 책임을 다하지 못하고 있는 것 같다.

'공학'이라 총칭되는 여러 분야의 각각 다른 측면에 대해 잘 알지도 못하면서 어떻게 공학자가 될 생각을 할 수 있겠니.

너는 의사나 법률가, 혹은 지질학자가 직업의 세계에서 실제로 어떤 일을 하는지 조금이라도 알고 있니? 물론 알고 있을 리가 없지. 친척 중에도 그런 사람은 없으니까. 그러므로 네가 흥미를 느끼는 직업의 일상적인 업무에 대하여 일정 기간 동안 시간과 노력을 아끼지 않고 안내해줄 사람이 꼭 필요하다. 실제로 도움이 되는 지식을 얻기 위해서는 그 이상의 방법이 없지.

아주 기쁘게도, 나는 네 동생의 학교에서 이러한 취지의 프로그램 진행을 도운 적이 있다. 이 프로그램은 1주일 동안에 열두 분야의 강연자를 초청해서 모든 학생들에게 그 분야에 대한 설명을 듣게 하고, 특별히 관심이 가는 직업 분야를 적어도 두 가지 이상 선택한 다음, 학생들 스스로 선택한 직업 현장을 방문할 기회를 마련해주는 것이었다. 의사가 되고 싶어 하는 학생들에게는 수술실을, 컴퓨터 프로그램 분야에 흥미를 가진 학생에게는 그 계통의 회사를 방문할 수 있도록 주선했단다.

이 프로그램에 참가한 많은 학생들은 그때까지 관심을 갖고 있던 직업에 관해 다르게 생각하게 되기도 하고, 자신이 선택한 직업 분야에 더욱 관심을 갖고 의욕을 불태우기도 하더구나. 최대의 수확은 참가자 전원이 다양한 직업 중에서 몇 가지를 실제로 체험해볼 수 있었다는 점이었다.

이 같은 대규모 프로젝트가 1주일 만에 구체적인 성과를 내기는 어렵겠지. 그러나 학생들이 20년 후 자신의 미래에 만족하면서 일할 수 있는 직업을 선택할 수 있도록, 말로 끝나는 조언이 아니라 경험을 통해 배울 수 있는 기회를 제공한 바람직한 프로그램이었다.

예전에는 직업을 선택할 수 있는 건 대부분 남성이었다. 네 할머니의 '직업'은 이 세상에 태어난 순간부터 정해져 있었단다. 아이를 낳고 가사를 돌보는 일이 전부였지. 그 외에는 교사나 간호사 등 극히 일부의 직업이 여성의 천직으로 간주되어왔다. 직업의 장은 '남자의 세계'이며 여자가 있어야 할 곳은 '가정'이었단다(가정이야말로 '진정한 노동의 장'이지).

아이를 낳는 역할은 여전히 여성의 몫이지만, 지금은 많은 여성들이 가정 밖에서도 활동하고 있다. 내가 공인회계사 자격을 취득하기 위해 공부하던 시절에는 같은 목표를 가지고 있는 여성을 찾기가 쉽지 않았다. 당시 독신이었던 나는 주변을 두리번거리다가 실망하곤 했지. 그러나 30여 년이 지난 오늘날에는 졸업생들의 약 35퍼센트가 너와 같은 여성이란다.

이러한 경향은 법률, 경찰, 경영 관리, 공학, 건축, 의학 등 다른 분야에도 파급되고 있다. 지금은 거의 모든 직업 분야가 너를 비롯한 여성의 고려 대상이 되겠지. 이렇게 다양한 가능성이 펼쳐져 있는데 어떤 식으로 그 대상을 축소해나갈 수 있을까? 물론 방법이 있단다.

지금 네게 10년 후란 아득한 미래겠지만, 10년 후의 네 모습을 한 번 상상해보자꾸나. 너는 그때 어떤 일을 하고 있으며, 그 일을 통해 과연 만족과 행복을 느끼고 있을 것인가. 이렇게 장기적으로 생각했을 때 매력이 느껴지는 직업의 목록을 만들고, 다음으로 몇 가지 다른 요인을 고려해보자.

흥미를 느끼는 분야로 진출하기 위한 필수 과목에는 자신이 있는가? 이러한 직업에 종사하는 사람들의 라이프 스타일에는 어떠한 특징이 있을까? 예컨대 여성 경찰은 교대제로 근무하지 않으면 안 되는데, 혹시 너에게 그것이 문제가 되지는 않을까? 해양생물학자나 고고학자처럼 취직의 기회가 한정되어 있지는 않은가? 그리고 지리적인 제약은 없는가? 지질학자는 새로운 광맥을 발견하기 위해 장기간 집을 떠나 있지 않으면 안 된다. 그러한 조건이 네가 이상으로 여기는 가정생활과 조화를 이룰 수 있을까? 특별히 끌리는 분야가 없다면 일할 기회가 지역적으로 제한되지 않는 직업을 택하라고 권유하고 싶구나. 그렇게 하면 다른 지역으로 이주하더라도 몸에 익힌 특기는 항상 너를 따라다닐 테니까. 많은 의사들은 외국으로 이주하기가 매우 어렵다는 사실을 경험하고 있다. 의사가 되기 위한 교육에는 엄격한 규정이 있는데 그것이 나라마다 다르기 때문이란다. 네 직업과 관계되는 법률이 지역마다 다를 경우에는 국내에서조차 이주가 어렵다.

자녀 양육과 직업을 조화시키는 일도 남녀 모두 직업을 선택하기에 앞서 고려해야 할 부분이란다. 자식을 낳지 않겠다고 결심하고 문제 자체를 회피하려는 부부도 있단다. 물론 자식이 없어도 만족스럽고 행복한 인생을 보낼 수 있겠지만, 나와 네 엄마는 너와 네 동생의 부모로서 너무도 즐거운 인생을 걸고 있기에 자식은 그 무엇과도 바꿀 수 없는 기쁨이라고 말하지 않을 수 없구나(특히 너와 네 동생 같은 아이들이라면 더욱 그렇다).

아이를 낳을 생각이라면 유아기의 양육을 어떻게 할 것인지 신중히 생각해야 한다. 성인이 되었을 때 어떤 정신 상태를 갖는가는 대부분 3세 이전에 결정된다고 말하는 심리학자가 많다. 이 기간에 사랑받고 있다고 느꼈는가, 안정적이고 만족스러웠는가, 아니면 신경질에 불안을 느끼고 있었는가의 문제이다.

집 밖에서 맞벌이를 해야 하는 부부도 많겠지만, 선택의 자유가 있다면 당분간 일을 중단하고 아이를 네 손으로 기르고 나서, 아이가 학교에 들어갈 때쯤 그다지 어렵지 않고 불리하지 않은 조건으로 복귀할 수 있는 직업을 고르는 것이 어떻겠니. 아니면 집에서 일할 수 있는 직업을 선택하는 것도 좋겠다(네 엄마는 너와 네 동생을 기르는 동안 광고회사 상급 관리직에서 프리랜서 작가로 전직하여 전국에서 손꼽히는 텔레비전어린이 프로그램의 시나리오를 썼다).

그러나 이것은 지극히 어려운 문제로, 부부가 머리를 맞대고 신중히 고려한 후에 결정할 일이다.

미래는 혼돈스러워 예측하기 힘들지만, 노자의 말처럼 천리 길도 한걸음부터 시작된단다. 네가 10년 후에 하고 싶은 것을 지금부터 꿈꾸도록 해라. 우리 함께 너의 꿈을 두세 가지로 좁혀 검토하고, 각각의 직업 현장을 방문할 계획을 세우자꾸나. 내 친구 중에 네가 선택한 직업 분야에서 일하는 사람이 있을 테고, 기꺼이 상담에 응해줄 것이다(연장자들이 너와 같은 중대한 문제를 안고 있는 젊은이에게 도움을 줄 수 있다면 그처럼 기쁜 일이 어디 있겠니. 우리는 지금까지 너무도 많은 실수를 해왔기 때문에 너와 네 친구들이 같은 실수를 하지 않기를 바란단다). 이 계획대로 여러 가지를 경험하고 나면, 너는 장래에 대한 자신감을 갖게 될 것이고 새로운 희망에 불타서 무언가 분명한 결단을 내릴 수 있으리라고 나는 확신한다.

마지막으로 하고 싶은 말은, 심각한 결단을 강요받아 답답하겠지만 이 순간이 네 일생에서 가장 즐겁고 여러 가지를 꿈꿀 수 있는 시기라는 사실을 잊지 말라는 것이다. 너는 네 인생을 네 자신이 바라는 방향으로 이끌고 있다. 네가 원하는 일을 하려 하고 있는 것이다. 잠시 여유를 가지고 그 일에 대해 잘 생각해보아라. 그리고 비상할 수 있는 꿈을 꾸기 바란다.

　　　　　　　　　　　　　　　　　　　－ 사랑을 담아 아버지가

# 대학 입시에 실패했지만

딸은 당연히 합격하리라고 생각한 대학에 낙방해 크게 실망한다. 자신의 실패를 받아들일 수 없는 것이다. 아버지는 성공한 사람들도 모두 한 번쯤은 거쳐가는 우회로에 대해 이야기하면서 딸의 자신감을 회복시키려고 한다.

## 우울해하는 너에게

솔직히 말해, 요 며칠 동안 널 대하기가 무척 어렵구나. 네가 자신을 바보라고, 완전 실패자라고 부르면서 인생이 도자기처럼 산산이 부서져 버렸다고 탄식하는 소리를 듣고 있자니 다소 화가 나기도 한다. 도자기는 깨지면 더 이상 쓸모가 없지, 부서진 파편을 원래대로 되돌리는 것은 불가능하니까. 그러나 너의 멋진 인생은 이제 막 시작되었을 뿐이란다.

전부터 네가 원하던 대학에 입학하지 못한 것은 분명 큰 충격이었 겠지. 좀처럼 받아들이기 힘들지도 모른다. 이번 일은 네가 처음으로 경험한 커다란 실망이다. 너는 이를 계기로 더욱 강해지고, 실망하는 것에도 익숙해져야 한다. 실망도 기쁨처럼 인생의 일부이기 때문이란다. 만일 네가 앞으로도 기대가 어긋날 때마다 그것을 일시적인 후퇴나 극복해야 할 시련으로 보지 않고 이번처럼 회생 불가능한 대실패로 여긴다면, 너는 그야말로 실망스러운 패배자가 될 거라는 점을 명심하기 바란다. 실패는 네가 감당하지 못하여 다시 시도할 의욕을 잃었을 때 비로소 실패가 되는 것이다.

『끝이 좋으면 다 좋아요』라는 책에서 셰익스피어는 "기대는 종종 어긋나는 것. 그것도 대개 가장 확실해 보이는 순간에" 라고 말했다. 너는 오랜 시간 순조롭게 학교생활을 해 와서 네가 꿈꿔온 학교에 자동적으로 입학할 수 있으리라고 생각한 모양이다. 그러다 어느 순간 그것이 필연적으로 그렇게 될 거라고 굳게 믿어버린 것 같구나.

여기서 네게 일러줄 한 가지 교훈이 있단다. 인생의 중요한 전환기를 넘어설 때에는 무슨 일이든 당연하게 생각해서는 안된다는 것이다. 첫 번째, 두 번째, 때로는 세 번째 계단이 무너질 경우를 대비하여 반드시 대안을 마련해두어라. 이번 불합격은 그러한 준비를 하지 않았기에 더욱 상처가 크고 받아들이기 힘든 거란다. 이러한 상황을 염두에 두고 너와 사전에 이야기하지 못한 것은 내 불찰이었다. 진심으로 미안하구나.

어쨌든 지금은 용기를 북돋아 전진을 계속해야 할 때란다.

인생에는 우여곡절이 항상 있게 마련이지. 너는 앞으로 성장하면서 더 많은 경험을 하리라 생각한다. 바로 이게 인생이란다. 막다른 길에 몰렸을 때 그 상황을 어떻게 해석하고, 또 어떻게 대처할지는 너에게 달려 있다. 내 조언을 받아들여, 앞서 말한 대로 '도전' 으로 수용할 수도 있겠지. 또는 많은 사람들처럼, 그것이 불운이든 위기이든 재난이든 간에 보다 진지하게 다시 한 번 시도해보려 하지 않고 스스로 '패배'를 인정하기 위한 구실로 돌려버릴 수도 있다.

프랭크 워드 오말레는 "인생은 불운의 연속이다."라고 말했다. 이는 패배자의 말이다.

네 현실을 생각해보자. 너는 우수한 성적으로 고등학교를 졸업했다. 그리고 학교 안팎에서 용기와 인내력을 보여주었고, 건강하며 외모도 상당히 뛰어나다. 무엇보다 평화로운 가정에서 언제나 변함없는 애정을 받으며 자랐다. 경제적인 불편도 없고, 괜찮은 아르바이트 자리와 좋은 남자친구도 있다.

이만큼 갖추고 있다는 것은 축복받은 일이라 생각하지 않니?

지금 한순간 다소 '우울한' 일이 있긴 하지만 말이다. 이럴 때 어떻게 대처하면 좋을까?

지난번에 알아본 바로는, 네가 공부하려는 학과가 있는 우수한 대학이 꽤 많이 있다. '나는 실패자'라는 감상에서 벗어나 '나는 낙천가'라는 자세로 즉시 다른 대학을 찾는다면 그 노력은 반드시 보상받을 것이다.

네가 경영 관리를 공부하고 싶어한다는 걸 알고 있다. 다른 대학에서도 네 제1지망 대학과 동일한 교재를 사용하고 있단다. 물론 교수진은 다르지만, 네 장래에 가장 큰 영향을 미치는 것은 학생 시절에 우연히 만난 한 사람의 교수가 아니라 바로 너 자신이란다. 무엇보다 네 인생은 너 자신이 주도해서 살아가야 한다는 것을 잊지 말아라. 요즘 들어 너는 이제 인생이 끝나버렸다고 말하곤 하지만 전혀 그렇지 않단다. 일생 동안 무수한 일들을 겪을 것이다. 좌절할 때도 있겠지만, 오히려 그로 인해 인생의 진로를 보다 새롭고 바람직한 방향으로 전환할 수도 있다.

참으로 많은 젊은이들이 지금의 너와 똑같은 장애에 가로막혀 희망하는 직업을 갖기 위한 노력을 단념하고 있다. 그들은 운명이 가혹하다고 말하면서 겁쟁이처럼 뒤로 물러나려 하는 것이다. 참으로 안타까운 일이 아닐 수 없다. 우리의 인생은 객관적인 사건으로 만들어지는 것이 아니다. 우리가 이들 사건에 어떻게 대처하여 각자의 인생을 살아가는가 하는 점이 중요하다. 운명에 무릎 꿇어서는 안 된다. 역경에 처하면 운명에 맞서 용기 있게 도전해야 한다. 패배를 거부하는 것이다.

물론 그것은 쉽지 않은 일이고, 많은 사람들이 어려움 앞에서 주저앉았다. 아마도 이런 사람들은 당당히 가슴을 펴고 길을 걷지 못할 것이다.

패배를 거부하는 사람들은 한곳에서 거절당하면 다음 문을 두드린다. 어딘가에서 받아줄 때까지 그 다음, 또 그 다음 문을 두들긴다. 젊었을 때 이런 끈기를 배운 사람은 언젠가 반드시 큰 성공을 거둔다. 우리에게 불가능한 일이 있다면 우리 모두가 왕이나 여왕이 되는 것 정도가 아닐까. 인생의 '우여곡절'에 적극적으로 맞서는 마음가짐만 있다면 대부분의 꿈은 손이 닿는 범위에 있다고 본다. '나는 이긴다. 나는 이긴다. 나는 이긴다.'라고 되풀이하면서 자신감을 회복해라. 그러는 사이 네 마음은 자동적으로 다음에 취할 행동을 지시할 테니까. 너의 마음은 기본적으로 네가 수집한 사실을 종합적으로 고려하여 필요한 해결책을 이끌어낸단다.

성공한 사람에게 어떻게 그 '지위'를 얻었는지 묻는 것도 좋은 방법이다. 그러면 너는 틀림없이 인내력과 도전, 그리고 간혹 목표에 도달하기 위해 우회로를 택해야 했던 경험에 대한 이야기를 듣게 될 것이다. 비록 네가 지망한 대학에 입학하지 못했지만, 여기서 우회해서 기대하지 않았던 좋은 결과를 얻을지도 모른다. 네 마음에서 '실패'를 몰아내라. 그리고 앞으로는 절대 네 안에 그것이 머물지 못하도록 해야 한다.

자, 우회로를 찾아보자. 이정표는 없지만, 네가 걸려 넘어진 바위나 그루터기 가까이에서 반드시 찾을 수 있을 것이다.

－ 우회로의 안내인인 아버지가

# 자존심을 잃지 말아라

친구들의 품위 없는 행동에 실망한 딸에게 아버지는 우정과 사랑, 섹스, 술과 마약, 파티, 그리고 자존심의 가치에 대한 조언을 자상하게 풀어놓는다.

### 환멸을 느끼고 있는 너에게

네가 손꼽아 기다리던 지난 토요일 파티에서 유독 너와 절친한 친구들이 어처구니없는 행동을 했다는 이야기를 듣고 정말 유감이라고 생각했다. 즐거운 한때를 보내는 건 좋지만 자신의 품위를 떨어뜨리고 타인에게 불쾌감을 주는 놀이 방식은 좋지 않겠지. 네 친구들은 아마도 거기까지는 생각지 못한 듯 하구나.

친구들은 흥겨운 나머지 그만 도를 넘어서는 장난을 친 것일 게다. 지금쯤은 몹시 부끄러워하고 있으리라 생각한다. 네 말대로 파티의 주역이 되려고 하다가 오히려 자신에게 상처를 입힌 건지도 모른다. 하여튼 그 애들은 지금까지 쌓아온 신용을 잃고 만 것이다. 사람들은 가끔 한순간의 어리석음이 부른 이러한 기대 밖의 결과 때문에 며칠, 몇 주일, 경우에 따라서는 몇 개월씩 부끄러워하면서 자책감에 시달려야 한단다.

나는 네가 그 파티에서 좋은 이미지를 잃지 않았다는 사실이 기쁘구나. 너를 자랑스럽게 생각하며, 더 나아가 너에게 감사하고 있다. 앞으로도 계속 네가 자존심을 지키며, 너를 아는 사람들이 너를 아끼는 마음으로 대할 수 있기를 기대하마. 그것은 이 세상에서 가장 소중한 보물이다. 남에게 존경받는다는 것은 너의 도덕적인 가치관을 높이 평가받는 일이다. 금전을 탐내거나 쾌락에 탐닉하거나 재미로 나를 학대하고 파멸시키는 사람을 존경할 수는 없겠지. 이러한 극단적인 경우가 아니더라도, 젊은이다운 청춘을 보내면서 자존심을 유지하고, 타인에게 존경받으려면 상당한 주의가 필요하단다.

친구를 갖고 싶고, 타인에게 호감을 얻으면서 인정받고 싶은 욕구는 모든 인간의 보편적인 바람이다. 그러나 청년기에는 개성의 결여나 매력의 결여, 혹은 스포츠나 예술 면에서의 능력의 결여로 따돌림을 당하는 불쌍한 사람들을 자주 보곤 한단다. 그런 사람들은 사람들의 관심을 끄는 매력이나 혹은 누군가와 친구가 되려고 하는 적극성이 부족해 보이더구나. 따돌림을 당하는 사람은 우정을 바란 나머지, 그리고 '무리'에 끼고 싶은 일념으로 타인의 마음에 들도록 행동할 뿐 자기 자신의 뛰어난 직감에는 따르려고 하지 않는다. 그리고 과도하게 술을 마시거나 마약에 탐닉하고, 물건을 훔치기도 하며 (돈이 목적이 아니라 '모험'을 위해), 혹은 세상 물정에 밝은 척하거나 육체적인 강인함을 과시하려고 성적으로 학대하거나 타인에게 폭력을 휘두르기도 한다. 그러다가는 틀림없이 어느 날 아침 눈을 뜨고 왜 나에게는 자존심이 없을까. 언제 잃어버렸을까 하고 생각할 테지.

나는 현대의 젊은이들을 둘러싼 환경이 일찍이 볼 수 없었던 위험 요소로 가득 차 있다고는 생각하지 않는다. 다만 젊음이란 예나 지금이나 변함없이 일생 중에 가장 파란이 넘치는 도전의 시기에 붙일 수 있는 이름이라고 생각한다. 다행스럽게도 이 시기 대부분의 위험 요소는 어른으로 성숙하여 책임감을 가질 때 마치 마법이 풀리듯 사라져버린다. 그러나 이러한 자연의 변화가 일어나기 전까지는 철학자로서 명성이 높은 로마 황제 마르쿠스 아우렐리우스의 훈계에 따르는 것이 현명할 듯하구나.

"약속을 어기거나 자존심을 잃는 일이 자신한테 이익이 될 것이라고 생각해서는 안 된다."

너는 친구들의 행동에 동요하여, 저렇게 되지 않으려면 어떻게 해야 하느냐고 나에게 물었다. 내 생각엔 먼저 염두에 두어야 할 점이 있단다. 익숙해지기 전까지는, 너처럼 자기 자신과 가족의 체면을 손상시키는 행위는 하지 않겠다고 생각하는 몇몇 친구들과 어울려 보조를 맞추어라. 도덕심이 강하고 신뢰할 수 있는 친구가 한 명이라도 있다면 매우 도움이 될 것이다. 넓은 세상에 홀로 대항한다는 것은 고독한 싸움이기 때문이란다. 어차피 결국에는 홀로 싸워 나아가야 하지만, 성장 단계에서는 정신적으로 기댈 곳이 있으면 쉽게 힘을 얻을 수 있다. 군중 속에서 혼자일 때, 너는 생쥐처럼 무력하다고 느낄지도 모른다. 그러나 너와 네 친구 단 둘밖에 없다고 하더라도, 지지자가 있다는 든든함은 때론 천군만마의 힘에 필적한단다.

물론 그 반대의 경우도 마찬가지이지, 네 친구가 너의 지원을 필요로 하는 일도 있을 것이다.

수치스러운 행동을 하지 않기 위한 또 한 가지 좋은 방법은 가족에게 줄 고통을 생각해보는 것이란다. 가족들은 당황하고 창피해할 것이다. 경찰이라도 개입한다면 가족이 짊어질 금전적인 희생은 접어두더라도 가족은 더 이상 너를 신뢰하지 않을 것이고 이는 서로에게 괴로움을 안겨주겠지. 모든 행동에는 결과가 따르는 법이다. 그러므로 행동에 앞서 잠깐 생각해보는 것이 자존심을 지키는 비결이다.

친구가 곤경에 처한 지금, 네가 돕지 않는다면 너의 자존심과 양심은 상처받을지 모른다. 지금이야말로 네가 즐거울 때나 괴로울 때나 친구라는 것을 증명하지 않으면 안 된다. 사람은 곤경에 빠진 사람을 도움으로써 인격을 연마할 수 있단다.

이번 일처럼 네 친구가 잘못을 저지르지 않도록 보호할 수 있는 기회가 주어졌을 때는 더욱 그러하지. 그러나 한 가지 확인해둘 것이 있다. 친구를 지켜보면서 그 친구가 성실하고 조심스럽게 행동하고 있는지 살펴보아라. 그 중에는 실수를 통해 배우지 못하고, 주변 사람들의 노력을 나이아가라 폭포를 멈추게 하려는 시도로 만드는 사람도 있다. 너는 지금부터 친구의 행동을 관찰하고, 너의 우정과 헌신을 쏟기에 적합한지 여부를 판단하지 않으면 안 된다. 네가 그렇게 할 가치가 없는 사람도 있기 때문이다. 여기서 한 번 더 강조하고 싶구나. 친구를 신중히 선택하는 것이야말로 성가신 일을 피하는 최선의 방법이란다.

이미 충분히 얘기했다고 생각하지만, 술은 특히 주의해라. 술을 마실 경우에는 편히 쉬거나 즐기기 위해서만 마셔라, 절대로 재난을 불러서는 안 되니까. 마약에 대해 내가 어떻게 생각하는지도 알 것이다. 마약과 술 중에 하나를 선택해야 할 때에는 술을 택하는 편이 훨씬 낫다. 술의 주성분은 에틸알코올로, 네 몸속에는 얼마만큼을 마시든 24시간 이내에 그 영향을 제거하는 조정 기능이 갖춰져 있으니까. 인류는 이미 알코올이 신체에 미치는 영향에 관해서는 많은 경험을 축적하고 있기 때문에 취급 방법도 터득하고 있단다. 하지만 마약은 다르다. 동남아시아의 희귀한 예를 제외하면 인간 사회에서 마약이 남용된 것은 비교적 최근의 일이란다. 하드이건 소프트이건, 여러 가지 마약에 포함된 많은 화학물질의 조합이 인체에 미치는 영향은 아직 확인되지 않고 있단다. 마리화나에만 4백종 이상의 화학물질이 포함되어 있으며, 그 중에는 장기간체내에 잔류하는 것도 있다. 많은 마약의 장기적인 영향은 예측 불가능할 뿐 아니라 당혹스러울 정도로 알려진 바가 없다.

알코올 중독 환자가 술을 끊고 정상적으로 신체적 건강을 회복할 확률은 꽤 높은 편이다. 이것은 잘 알려진 사실이다. 그러나 치명적인 습관을 고친 마약 중독자가 장기적으로 건강을 유지할 수 있을지 예측하기 위해서는 앞으로의 연구 결과를 기다릴 수밖에 없단다. 얼마나 무서운 일이냐!

마약은 숙취가 없기 때문에 술보다 낫다고 말하는 사람도 있지만, 한순간이라도 그렇게 생각해서는 안 된다. 그것은 어리석고 위험한 착각일 뿐이니까. 숙취는 네 몸의 경비 시스템이 '어젯밤에는 과음했다'고 경고하는 표시이다. 어젯밤 마약을 과도로 사용했다는 주의 신호가 없다는 사실에 무슨 이점이 있겠니.

파티는 즐겨라. 그러나 거듭 말하지만, 술과 마약 중 어느 한 쪽을 택해야 한다면 술을 택하도록 해라. 술은 건강을 해칠 염려가 적을 뿐만 아니라 법률적으로도 허용되어 있으니까(과음했을 때는 데리러 갈 테니 반드시 전화를 하도록 해라).

섹스 또한 위험을 내포하고 있단다. 선량하신 주님은 우리를 창조하실 때 좋은 것을 많이 주셨는데, 그 중에는 성적인 욕구도 포함되어 있단다. 그러나 때때로 주님이 우리 육체에 성욕을 지나치게 주입하셨다고 느끼는 사람이 있는 것도 사실이다. 그렇지 않다면 도리를 벗어나는 감정을 제어하는 일이 왜 그렇게 힘들겠니. 그러나 그런 때에 각별한 노력을 한다면 분명히 멋진 보답이 있단다. 자신의 사려 깊음과 굳은 신념에 자부심을 가질 수 있는 것이다. 일상생활의 다른 면과 마찬가지로 섹스에 있어서도 가장 중요한 것은 우리의 행동이 초래하는 결과와 우리 자신의 기분이다. 행동한 후에 잘했다고 생각할 것인가, 아니면 후회할 것인가. 자신을 소중히 하기 위해서는 자신의 육체도 소중히 하지 않으면 안 된다.

자존심에 상처를 입히거나 병들게 하는 많은 행위에 관해서는 특별히 강조하고 싶구나. 중요한 것은 자존심의 가치를 높이는 일, 그리고 자존심은 우리가 호흡하고 있는 공기처럼 우리의 행복에 반드시 필요하다는 인식을 갖는 일이다. 자존심 없이 사는 것은 사는 것이라고 할 수도 없으니까.

19세기의 스코틀랜드 시인 로버트 루이스 스티븐슨은 "젊음은 모든 것이 실험이다."라고 말했다. 네가 그 실험을 주의깊고 총명하게 해나가길 바란다('총명'이라는 단어의 의미는 사전으로 확인해보는 것이 좋을듯 싶다).

　　　　　　　　　　　　　　　　　　　　　－ 사랑을 담아 아버지가

33

# 언제나 생각을 먼저

딸은 훌륭한 성적으로 대학을 졸업한다. 사회생활에 발을 내딛는 순간이 온 것이다. 아버지는 인생의 가장 멋진 순간을 맞이한 딸에게 앞으로의 삶을 현명하게 이끌어나가는 방법에 대해 조언한다.

## 승리의 기쁨에 젖어 있는 내 딸에게

축하한다! 네가 해냈구나. 세상에 나보다 더 자랑스러운 딸을 가진 아버지가 있을까? 너는 지금까지 한 목표를 위해 쉴새 없이 달려왔고, 그 목표를 달성했다. 이제 졸업을 했으니 지겨운 시험과 씨름할 일이 없어서 시원하겠구나. 너는 지금 모든 정규 교육을 마치고 새로운 인생이 시작되는 시점에 와 있다. 진짜 세상에 어떻게 발을 내디딜까 하는 생각에 몰두해야할 때가 온 것이다. 이제부터 네 인생은 네가 꾸려가야 한다. 하지만 그러기 전에 이 아버지와 함께 꼭 짚고 넘어가야 할 점이 한두 가지 있다. 지금 아버지가 너에게 말하고자 하는 것은 대단히 중요한 문제이다.

네가 이루고자 하는 모든 목표에는 그만한 타당성이 있다.

너는 앞날을 생각만 해도 가슴이 벅차오를 것이다. 이 아버지는 네가 바라는 그 모든 것 하나하나가 아무 장애도 없이 현실에서 이루어지기를 마음속으로 바란다. 그러나 만에 하나 네 목표가 생각만큼 이루어지지 않는다면, 너는 어떻게 실망과 절망을 이겨나갈 생각이냐? 어떤 도전이 네 코앞에 들이닥칠 때를 대비해 어떻게 준비해 나갈 것인지 궁금하구나. 다시 말해서 이 아버지는 내 딸이 어떤 계획을 세웠는지, 네 인생을 어떻게 살아갈 것인지 묻고 싶단다.

너는 학교 교육의 전 과정을 알차게 보냈으므로, 치밀하고 올바른 계획을 세운다면 네가 진정 바라고 열망하는 성공과 행복을 손에 넣을 수 있을 것이다.

가장 먼저 네 생각이 어떻게 움직이는지 관찰하도록 해라.

생각이 어떻게 작용하는지를 자세히 살펴봄으로써 우리 인간의 행동 원리를 알 수 있고, 정신이 작용하는 방식을 잘 이해할 수 있단다. 그리고 성공의 길로 이끄는 방식은 무엇이며, 반대로 실패란 무엇인지 알 수 있지. 이 모든 것은 우리가 가진 지식 중 매우 큰 덩어리이며, 바로 성공을 향한 위대한 첫 단계란다.

어려운 상황에서도 항상 밝고, 오늘에 충실하며 뒤처지지 않는 사람들은 아마도 생각의 속도가 매우 빠를 것이다. 사실 이것은 쉬운 일이 아니란다. 그들은 뛰어난 능력을 가지고 있는 것이다(불행인지 몰라도 우리 주위에서는 그런 사람을 쉽게 찾아보기 어렵다). 혹시라도 왜 어떤 사람은 항상 명랑하고 또 어떤 사람은 얼굴에 먹구름이 잔뜩 끼어 있는지 생각해본 적이 있니? 너에게 확실하게 말해줄 수 있는 건, 그런 두 가지 기질은 타고나는 것이 아니라는 점이다. 한 사람은 정신적으로 우울해지지 않기 위해 끊임없이 훈련을 하고, 다른 한 사람은 노력하면 고칠 수 있다는 것도 모르는 거지. 언제든지 마음만 먹으면 기분이 정말 좋아질 수 있는데. 항상 우울하게 지낸다면 그 얼마나 인생의 낭비겠니. 자신의 정신이 어떻게 작용하는지 조금만 이해하면 되는 일인데 말이다.

정신은 의식과 잠재의식, 두 가지 단계로 작용한다. 잠재의식이 너의 몸과 감각을 지배하는 동안, 의식은 너의 생각과 선택을 지배하게 되어 있다. 그리고 그 잠재의식은 데이터 뱅크와 창조적인 엔진의 역할을 한다. 아주 소수의 사람들만이 자신의 잠재의식으로 들어간 무언가가 개인의 특성, 성격, 그리고 건강까지도 좌우한다는 사실을 알고 있다. 즉 다시 말하면 너는 네 자신의 운명을 지배하는 주인이란다.

자신의 의식으로 잠재의식의 데이터 뱅크에 저장하고 싶은 생각과 그렇지 않은 생각을 선택할 수 있다. 때문에 이 데이터뱅크에 저장된 내용에 대한 책임은 바로 네 자신이 져야 한다.

이는 네 성격과 가치관, 건강과 성패를 결정짓는 중요한 자산이다. 지속적으로 두려움, 걱정, 질투, 의심과 불안 같은 쓸모없는 쓰레기를 너의 데이터 뱅크에 입력시킨다면, 너는 그런 쓰레기 같은 결과를 얻게 될 거라는 이야기이다. 깨끗하고 순수한 의식은 너의 창조적인 엔진의 연료 역할을 하며, 삶을 형성하고 지배한다. 확고부동한 강인한 사고, 희망, 자신감, 인내력, 사랑, 용서, 용기를 그 연료로 공급하고, 스스로 한 단계 한 단계 성취하는 기쁨을 경험하도록 해라. 비록 희망과 기대. 그리고 열망이 저 멀리 있는 것처럼 느껴지더라도 말이다.

제임스 앨런은 이렇게 말했단다.

"사람은 남몰래 번뇌하고, 그 번뇌는 곧 사라져간다. 사람의 환경은 그 사람의 거울에 지나지 않는다."

이렇게 간단한 문제라면, 모든 사람이 일반적으로 알고 있어야 하지 않느냐고 너는 문겠지. 하지만 그럴 수는 없단다.

그것은 학교에서 배우거나 방송 매체에서 특집 기사로 다룰 수 있는 것이 아니며, 신문의 앞머리를 장식할 수 있는 문제도, 무언가를 읽어서 해결되는 문제도 아니기 때문이다. 우리의 잠재의식은 전구나 전화, 소아마비 백신, 우주선과 세상의 위대한 문학과 예술을 발명할 수 있는 창조력으로 발휘된다.

하지만 커다란 희생을 치러야만 얻을 수 있기 때문에 대부분 사람들이 등한히 한다. 너는 의식을 단련시킴으로써 불확실과 두려움, 우울함, 죄책감, 불안감과 근심을 떨쳐버릴 수 있단다. 그러한 나쁜 감정이 잠재의식이라는 너의 소중한 창고에 숨어들지 못하도록 차단해버리는 것이다.

이미 잠재의식 속에 자리 잡고 있는 부정적인 생각을 지워버릴 수는 없다고 하더라도, 긍정적인 사고를 끊임없이 입력시키다 보면 너를 지배하는 부정적인 생각은 그 힘을 잃게 된다. 너의 정신이 충분히 긍정적인 사고로 프로그래밍되면, 의식은 자연스럽게 부정적인 생각 자체를 거부하게 된단다. 그러면 네가 원하는 진정한 삶을 시작할 수 있게 되며 목적을 달성하고 삶을 즐길 수 있게 되겠지. 넘치는 자신감을 느끼게 되며, 어떤 장애가 너의 앞길을 막아도 두렵지 않을 게다. 정말 놀라운 효과가 아니겠니.

긍정적인 사고와 새로운 아이디어의 지속적인 반복은 모든 과정의 핵심 요소이기 때문에 참으로 중요하단다. 시간과 집중력, 끈기라는 바탕 위에서 생각이 올바른 방향으로 프로그래밍되면, 성공에 열중하고 실패에 쉽게 좌절하지 않는다.

더하여 현재의 가치도 배우게 된다. 네 머릿속을 맴돌며 괴롭혀 왔던 어떤 기억이나 과거의 실수도 너의 앞길에 더 이상 방해가 되지 않을 것이다. 과거의 경험을 통해서 항상 너에게 무엇이 최상이며, 그 최상의 것을 어떻게 선택할 수 있는지 방법을 배워 오늘을 위한 디딤돌을 놓게 될 것이다. 한치 앞도 알 수 없는 미래를 걱정하지 말아라. 근심과 걱정이라는 놈의 힘은 파괴적이며 문제 해결에 전혀 도움이 되지 않는다. 그런 쓸데없는 생각으로 네 마음의 공간을 허비할 필요는 없지 않겠니?

감정은 드러내고 표현하는 것이 좋다. 감정은 우리의 정신세계를 이루는 한 부분으로, 감정을 명쾌하게 표현하고 분출하는 데 실패하면 스트레스가 쌓인다. 그러나 이런 감정 표출을 할 때는 좋은 것과 나쁜 것을 구별할 수 있어야 한다. 그러려면 정신을 훈련시켜야겠지. 예를 들어 분노의 감정은 밖으로 분출시켜 극복하도록 하는 것이 정신 건강에 좋다. 마음속에 분노의 감정을 억누르고 있으면 건강이 위험을 받기도 하고 성격 형성도 크나큰 장애를 겪게 된다는 말이다.

자신의 삶에 위협으로 다가오는 환경에 대한 두려움은 지극히 정상적인 감정이지만, 그 외 대부분의 두려움은 비정상적이라고 봐야 한다. 그러한 두려움은 무지 때문에 생기는 감정이며 앞으로 전진하지 못하도록 사람을 무기력하게 만든다.

네 감정에 조심스럽게 다가가 보아라. 특히 분노나 질투심, 복수심이나 두려움으로 끓어오르는 감정에 말이다. 이런 감정들은 매우 강하고 파괴적이어서 네가 발전하는 데 가장 큰 방해 요소가 될 수 있단다. 사랑이나 우정, 동정심, 자비심, 유머 같은 감정은 없어서는 안 될 중요한 감정이다. 자신에 대한 어떤 만족감이나 좋은 감정을 보상하는 결과로 표출될 뿐만 아니라, 부메랑과 같은 특성을 지니고 있어서 네가 베푼 감정의 몇 배가 돌아올 것이다.

한번 긍정적인 정보가 입력되어 그 태도가 지속되면, 자신의 감각에 좀 더 진지하게 신경을 쓰도록 해라. 감각은 내부의 깊은 곳에서 나오는 어떤 본능적인 지식이며, 그 지식으로 옳고 그름에 대한 판단을 내릴 수가 있단다. 이것을 뒷받침할 만한 뚜렷한 증거는 없지만 말이다. 내 경우에도 어떤 문제에 대해 논리적인 결론을 내리기 위해 혼자 고민하는 일이 아주 많았는데, 그럴 때마다 직감이나 조용히 울려 퍼지는 내면의 목소리에 귀를 기울였단다. 직감이나 내면의 목소리가 옳지 않은 방향으로 나를 이끈 적은 거의 없었다. 이 목소리는 잠재의식이 겉으로 드러나는 지혜란다. 다른 해결 방법이 있다든지 등을 알려주는 것이지, 현명한 사람은 자신의 직감을 믿는다는 사실을 명심해라. 성공한 많은 사람들은 정말 어려운 결정을 내려야 하는 시기에 자신의 육감이나 본능적인 감정에 의지하는데, 이성적으로 그 이유를 설명할 길은 없지만 그렇게 내린 결정에 대해 상당히 만족스러운 느낌을 갖게 된다고 하더구나. 이런 감각의 소유자들은 이성이나 의식적인 사고로 결정을 내릴 수가 없는 어려운 문제를 쉽게 처리하는 방법을 잘 알고 있다.

그러나 직감을 신뢰할 수 있다고 해서 교육의 필요성이나 주어진 문제를 해결하기 위한 자료를 수집하는 일을 간과해서는 안 된다. 이성과 확실한 논리적 사고가 문제를 해결할 수 있다는 사실도 잊어서는 안 되겠지. 그러나 이미 해결된 문제도 여전히 파악이 안 되거나 불분명할 때가 많다. 이럴 때는 소로의 말처럼 "정신의 보고인 잠재의식에 따르며, 긴장을 풀고 내면의 목소리에 조용히 귀를 기울여라."

해답을 얻을 때까지는 어느 정도 시간이 걸리겠지만, 억지로 그 해답을 찾으려 자신을 재촉하지 말아야 한다. 때가 오면 자연히 알게 될 테니 말이다. 뭔가 불가항력적이고 이끌리는 듯한 느낌이 너무나 강렬해서 정말 신나는 경험이 될 것이다. 자신의 직감을 신뢰할 수 있는 방법을 터득해라. 자신의 직감을 믿으면 믿을수록 너를 올바른 방향으로 이끌어주고 있다는 사실을 발견하게 될 것이다.

지금까지 한 말들이 네가 직장을 구하고, 새로운 삶의 터전에 자리를 잡고, 자동차 구입을 위해 대출을 받는 등의 일과 무슨 관련이 있는지 의문이 들게다. 그러나 정신에 관련된 이야기들은 네 인생의 목적을 향한 중요한 첫걸음이란다. 이 아버지의 말을 명심한다면, 나머지 과정은 쉽게 풀려나갈 것이다. 조셉 콘래드는 이렇게 말했단다.

"강인한 정신의 소유자는 어떤 일이든 해낼 수 있다. 모든 것은 사람의 정신 속에 있으며, 과거와 미래도 그 사람의 정신에 달려 있다."

긍정적으로 반응하는 정신을 형성하는 기술은 의외로 쉽다고 이미 여러 번 말한 것 같구나. 그 이유는 이렇다. 대부분의 사람들은 우리가 가진, 무한으로 축적된 잠재 능력의 극히 일부분만을 사용하고 생을 마감한다. 그 말은 정신에 잠재된 능력의 일부분이 아직 열리지조차 않았으니 우리의 재능을 발전시킬 수 있는 충분한 여유 공간이 남아 있다는 뜻이다. 언젠가 다시 네가 간절히 이루기를 바라는 목표에 대해 같이 논의해볼 날이 올 테지만, 그보다 먼저 부지런히 긍정적인 사고를 하고 긍정적인 사고만을 받아들이는 노력을 해주었으면 한다.

남에게 자신의 자리를 도전받지 않고, 공격당하지도 않으며, 남앞에서 웃음거리가 되어보지도 않고, 비난받아보지도 않은 채 쉽게 성공을 성취하는 극소수의 사람도 있다. 그런 사람들은 강력하고 긍정적인 에너지가 존재한다는 사실을 알지 못한다.

우리가 여기서 짚고 넘어간 '정신 문제'가 너의 친구들이나 다른 친분 관계에 있는 사람들의 흥미를 끌지 못하면 조금 가벼운 이야기로 대화의 주제를 바꿔라. 그렇게 하면 그들은 너에게서 멀어지지 않을 것이고, 어디를 가도 네 주위에는 친구들이 있을 게다. 너무 엄격한 사람은 사람들의 마음에서 가장 쉽게 '잊혀지게' 마련이란다.

부디 이 편지를 꼼꼼히 읽도록 해라. 너의 미래를 존중하는 아버지가 줄 수 있는 가장 소중한 조언을 담았으니 말이다.


– 역시 공부벌레였던 아버지가

# 목표를 세워라

딸은 성공 가도를 달리고 있는 사촌에게 부러움의 눈길을 보낸다. 아버지는 사촌의 성공에서 배워야 할 점이 무엇인지 설명하고 딸에게도 그 못지않은 능력이 있다고 힘주어 말한다.

## 사랑하는 딸에게

네 사촌 조니를 바라볼 때마다 초롱초롱해지는 너의 눈을 보는 게 흐뭇하구나, 그건 네가 조니를 매우 자랑스럽게 여겨서일 테지, 네 사촌 조니는 서른 살이 될 때까지 참으로 많은 것을 성취했고, 또 많은 일을 해냈다. 그는 자신의 인생을 성공으로 이끌 수 있도록 계획을 세우고, 그것을 실천하는 방법을 터득한 것으로 보이는구나. 조니가 그렇게 훌륭하게 자신의 일을 해나가는 것을 보니, 나도 젊어지는 느낌이 들었고 그가 매우 자랑스러웠단다.

예전에 네가 한 말이 생각나는구나. "조니만큼 성공한 사람이 어째서 그렇게 드물까요?"라고 한 것 말이다. 그래서 나는 생각해 보았단다. 그러나 그 얘기를 시작하기 전에 먼저 한 가지 물어보고 싶은 게 있다. 조니 얘기를 할 때마다 네 목소리에서 그를 동경하는 듯한 느낌을 받았는데, 너 스스로도 그렇게 느끼고 있는지 말이다.

네가 마음속으로 조니와 너 자신을 비교하고 자신에게 실망스러워 그런 거라면 그런 생각은 버리는 게 좋다. 그런 식의 사고방식은 스스로에게 대단히 위험하다. 대신에 성공을 이룬 사람들의 방법을 분석하고, 그 방법을 잘 활용하여 자신에게 아주 가치 있는 훈련의 기회로 삼아야 한단다. 그저 약간의 질투라면, 그 마음은 인간의 본능이기에 그리 나쁘다고 볼 수 없다. 하지만 약간의 질투, 그 이상이 되어서는 안 된다. 질투는 아무 노력도 기울이지 않는 사람들이나 하는 거란다. 너는 그런 부류의 사람하고는 거리가 멀지 않니.

자, 이제 '조니의 성공 노하우'에서 네가 보고 배울 점이 무엇인지 살펴보도록 하자꾸나.

우선 한 치의 물러섬 없는 자신에 대한 믿음과 성취할 수 있다는 신념이다. 네 사촌 조니는 최고의 결과를 기다리고 있으며, 항상 낙관적이고 희망과 열정을 발산하는 젊은이란다.

그 애가 풀이 죽어 있는 모습을 거의 본 적이 없다.

네 사촌 조니는 긍정적인 태도가 우리 인간이 가진 가장 위대한 정신적 힘 중 하나라는 사실을 터득했고, 그런 긍정적인 태도로 행동하도록 정신을 수양했다고 생각한다. 이 정도는 너도 이미 다 알고 있는 사실일 게다. 그러나 그뿐만이 아니란다. 윌리엄 제임스는 이런 말을 남겼다.

"대부분의 사람은 육체적으로든, 지적으로든, 도덕적으로든 자신의 잠재적 존재의 제한된 범위에서 살아간다. 사람은 일반적으로 자신의 의식과 영혼에 담겨진 지식의 극히 일부분만을 사용하고 생을 마감하는데, 그것은 마치 인간이 자신의 새끼손가락을 사용하고 움직이는 데도 습관이 들어야 하는 이치와 같은 것이다."

조니는 윌리엄 제임스가 말한 세 가지 범위에서 자신의 잠재력을 마음껏 발휘할 수 있는 방법을 터득한 것 같다. 이것이 바로 그가 성공을 이루도록 돕는 '비밀병기'인 셈이고, 그것은 우리가 마시는 공기처럼 우리 모두에게 있는 잠재력이란다. 그렇다면 조니는 어떻게 자신의 잠재력을 충분히 발휘할 수 있었을까? 그는 스스로 목표를 세우고 그것을 달성하기 위한 방법을 조심스럽게 설계해나갔다. 참으로 대단한 젊은이다.

대부분의 사람들이 바로 이 부분에서 실패하고, 그 결과 나침반 하나 없이 울창한 숲에서 길을 잃고 똑같은 자리만 맴돌다가 결국 목적지에 도달하지 못하는 인생을 살게 되는 거란다. 너는 친구들 대다수가 자신의 인생에서 진정으로 무엇을 원하는지 모르고 있다고 말한 적이 있지. 분명, 자신의 인생에서 원하는 것을 찾는 일은 가장 중요해서 첫 번째로 결정해야 할 일이란다. 자신의 목표를 명확히 하는 데는 두 가지 목표를 염두에 두어야 하는데, 개인적인 목표와 직업적인 목표가 바로 그것이다. 개인적 목표에서, 그리고 직업적인 목표에서 각각 네가 가장 성취하고 싶은 것은 무엇인가, 즉 네가 삶에서 원하는 게 무엇인가 결정해야 한다. 너의 목표를 빠짐없이 열거한 다음, 어떤 목표를 가장 절실히 원하는지 신중하게 그 중요도를 따져보는 것이다. 욕망은 목표를 성취하는 데 필요한 도덕적 끈기를 끓어오르게 하는 연료 역할을 한단다. 이것이 워리엄 제임스가 언급한 자신의 잠재적인 존재의 제한된 범위에서 벗어나기 위한 첫 번째 움직임이다.

다음 단계는 행동의 방침에 대한 계획을 세밀히 세우는 것이다. 뛰어난 연설가인 밥 프록터는 이런 연설을 했다.

"자신의 목표를 설정했다면 어떤 일이든 이룰 수 있다. 원하는 목표가 아무 노력 없이 내 입 안으로 떨어지지 않는다. 그렇게 때문에 우리는 그 목표에 어떻게 도달할지 계획을 세워야 한다."

어떻게 계획을 세우는가에 따라 얼마나 멀리 도달할 수 있는지가 결정된다는 사실을 항상 유념하면서 자신의 목표에 도달하기 위한 최선의 방법이 무엇인지를 판단해야 한다.

개인적인 목표를 세울 때, 많은 젊은이들이 충분한 생각을 하지 않는다는 점이 문제더구나. 자신의 거처를 결정할 때를 예로 들어보자. 많은 젊은이들은 자신의 집에서 멀리 떨어진 곳에 자신만의 보금자리를 가지고 싶어 한다. 그것은 독립과 자유를 의미하는 것이지만, 이를 얻기 위한 대가는 만만치 않다. 그만큼 비용이 필요하다는 말이지. 대부분 예산을 세워 감당할 수 있는지 여부를 따져볼 것이다. 그런데 스스로 감당할 수 없다면 어떤 대안을 세워야 할까? 먼저 부모와 함께 사는 것을 고려해볼 수 있다. 젊었을 때 돈을 모아야 한다고 생각하는 부모라면 더더욱 비용을 절감할 수 있을 것이다. 그러나 부모의 융통성과 양보가 필요하니 여러 가지를 심사숙고해보고 함께 의논하는 과정을 거쳐야 한다. 예를 들면 밤늦은 시가에 귀가하는 것, 좋아하는 음악을 크게 듣는 것, 친구들을 초대해 파티를 여는 것, 부모 집에 얹혀살지만 온갖 집안 허드렛일을 도맡아 하지 않는 것 등에 대해 서로 한발씩 양보하여 적정한 선을 정해야 한다.

집을 구할 돈이 충분히 마련되어 있다면 자기만의 공간을 가지게 될 것이고, 부모님의 규제에서 벗어날 수 있다는 사실에 특별한 만족을 느낄 수 있겠지.

친구들과 같이 생활할 생각이라면 룸메이트의 선택에도 신경을 써야 한다. 즐기고 놀기에 좋은 친구는 매일 함께 지내기에는 너무 별나거나 무책임할 수 있다. 그 사람의 품행이나 행동이 네가 정해 놓은 기준이나 규칙 등에 어긋날 수도 있고, 그 사람의 습관이나 생활 방식이 너무 게으르거나 엄격해서 너와 조화를 이루기 힘들 수도 있다. 그 외에도 여러 가지 문제가 생길 수 있겠지.

충동적으로 거처를 결정해버리면 불필요하고 당황스럽거나, 혹은 난처한 상황으로 이어질 수 있기 때문에 신중을 기해야 한다. 날마다 집으로 돌아오는 발걸음을 재촉할 수 있는 그런 '집'다운 집을 만들려는 노력도 필요하단다.

차를 구입하고, 하와이로 휴가 여행을 떠나고, 다이아몬드 반지나 아름다운 예술 작품을 구입하는 등의 개인적인 목표를 이루려면 세심한 계획을 세워야 한다. 파산 등의 재정적인 위기를 겪지 않고 이런 종류의 개인적인 목표를 달성하는 것도 하나의 도전이며, 이런 모든 도전에는 사전 계획이 필요하다.

너의 직업, 즉 경력에 관계된 최종 목적은 판매이사가 되는 것이지? 그 꿈을 향하여 전진하기 위해, 너는 이미 강력하고 아주 훌륭한 목표들을 세웠고 그 중 몇 가지는 이루었다. 대학에서 공부할 때도 비즈니스 과목에서는 항상 높은 성적을 받았으니 말이다. 그러나 그 후의 계획은 세워 두었니? 뭐라 말하기 어려울 것이다. 단기 계획은 철저하게 세웠겠지만 장기계획은 구체화하지 못했을 테니 말이다. 장기 계획을 세워야 할 바로 그 시점이 온 것 같다.

지금으로부터 10년, 20년 후쯤이 될까? 네가 최정상에 도달할 그날이 언제인지 구체화시켜보는 거다. 인생의 절정기에 도달하기까지 넘어야 할 고비들은 있게 마련이다. 목표를 하나하나 차트로 만들어서 네 정신적인 달력에 할당하여 실제 날짜에 기입해두어라. 예를 들면, 네 첫 번째 목표는 적당한 직장을 찾는 것이고, 두 번째는 6, 7년 뒤에 판매부장이 되는 것이겠지. 그 목표를 달성할 구체적인 날짜를 정해놓고, 그 목표를 향해 가는 한 걸음 한 걸음마다 그 날짜를 생각하면 반드시 목표에 도달할 수 있을 것이다. 연간 판매 할당량을 정하고, 근무시간 이후 빡빡한 비즈니스 일정을 소화해가면서 자신의 머리에서 직접 나온 가치 있는 식견을 판매부장에게 선보일 수 있게 되겠지.

무엇보다도 바로 이런 것들이 조니가 터득한 방법이 아닐까 생각한다. 그 애는 끊임없이 목표의 핵심을 간파하고, 매번 신중하게, 그리고 모든 노력을 다 기울여 그 목표를 겨냥한 뒤 감하게 방아쇠를 당긴 것이다. 그 애의 훌륭한 성과가 이것을 말해준다. 그러나 이것은 일부분이다. 우리가 알아야 하는 조니의 또 다른 강인한 면은 바로 실패를 극복하는 결단력이다.

로버트 번스도 말했듯이, "아무리 완벽해 보이는 계획도 잘못된 길로 빠져들 수 있다."

실패는 누구에게나 찾아온다. 앞으로 네가 가는 길에도 몇 가지 실패가 찾아오겠지만, 그 누구도 그것을 크나 큰 퇴보라 속단할 수 없다. 커다란 실패의 좌절에서 벗어나지 못하거나 아예 포기해버릴 때가 있긴 하지만 오직 인간만이 실패에서 실망을 겪는 거란다.

아주 많은 사람들이 자신의 목표를 꿈꾸는 데 그쳐버린다. 그 이외의 사람들은 계획을 세우고 어떤 장애가 자신의 목표에 방해가 되는 그 순간을 막기 위해서만 계획을 실행하려 한다. 대부분이 승자의 자리를 놓치게 되는 이유가 여기에 있다.

애초에 계획한 대로 일이 진행되지 않으면, 아무리 계획을 수정하고 그 손실을 회복시키려고 다시 시도해도 소용없는 법이란다. 때로는 목적을 달성해나가는 일이 짜증날 만큼 고단하기도 하지만 토머스 에디슨의 경우를 생각해보자. 그는 백열전구를 발명하기까지 수천 번도 넘는 실패를 거듭했다. 끈기가 남달라서였을까. 아니면 고집이 셌던 걸까?

사랑하는 딸아, 바로 그것이 꿈을 이루기 위한 필수 불가결한 요소란다. 너 역시 실패를 하나의 도전으로 받아들이고, 네가 승리하는 데 그 실패가 매우 중요한 역할을 한다는 사실을 항상 염두에 둔다면 너도 반드시 네 꿈을 이룰 수 있을 것이다. 치열한 투쟁이 없다면 승리 또한 있을 수 없다.

나는 그 기백과 창조적인 인내심을 조니한테서 발견할 수 있었고, 또 너한테서도 발견할 수 있었다. 조니의 성공을 접하고 네 눈에 생기가 넘쳐흐르는 모습을 보니, 이 아버지는 너에 대한 자부심으로 마음이 흐뭇하더구나. 너의 무한한 가능성이 있는, 그리고 창조적인 인생을 끊임없이 펼쳐가도록 해라. 그만한 가치가 충분히 있을 테니.

– 목표의식을 가진 동료가

# 사회생활의 시작 그 첫날에

딸은 아버지 회사에 취직한다. 아버지는 딸의 입사가 반갑지만, 그만
큼 염려도 된다며 어떻게 회사 생활을 해나가야 하는지 조언한다.

## 사회 초년병인 딸에게

드디어 너도 첫 직장을 갖게 되었구나. 정말 축하한다. 이 아버지
는 대단한 성과라고 생각한단다. 아버지 회사에 들어오게 되어서 정
작 너 자신은 '그렇게 대단한 일도 아닌데'라고 생각하고 있을지도
모르겠지만 말이다.

하지만 내가 너무 고지식하다는 말을 듣는 한이 있어도, 네 능력
에 조금이라도 못미더운 구석이 있었다면 네가 내 딸이건 아니건 너
를 고용하지 않았을 것이다. 이번 너의 입사는 네가 현명하고 열심
히 일하는 헌신적인 사람이라는 인식을 다른 사람들에게 심어준 결

과란다. 네가 우리 일을 해낼 수 있고 우리 회사 사람이 될 수 있다는 회사 측의 확신이 없었다면 결코 입사할 수 없었을 것이다.

내가 딸인 너에게 할 수 있는 유일한 말은 우리 회사는 경영자를 키우기 위한 훌륭한 트레이닝 프로그램을 마련해두었으며, 적당한 수습 기간이 지난 후에 계속 우리와 함께 일할 수 있는 사람인지 판단한다는 사실뿐이다. 이것이 우리 회사가 직원을 채용하고 해고하는 방침이란다. 너도 예외가 될 수는 없다. 어떤 특별한 혜택은 기대하지 않는 것이 좋다.

이 점은 지적해주어야겠다. 너는 내 딸이기 때문에 주위 사람들의 시선을 감수해야 할 것이다. 아마 다른 신입 사원보다 더 철저하게 너를 살펴보겠지. 동료들에게 지적을 받지 않으려면 외모를 단정하게 하고, 사람을 대할 때 예의를 갖추거라.

또 근무 태도에 오점이 없어야 하며, 다른 동료들을 생각하고 그들과 협조해나가는 기본적인 문제에 당연히 신경 써야 한다. 머리로 배운 것들을 실전에 적용하기 위해서는 인내심과 시간이 필요하다. 실전에 적응하는 동안에, 열심히 일하는 삶의 진정한 가치를 점점 더 깊이 이해하게 될 것이다. 열심히 일하는 것만이 성공하는 유일한 길이다. 너에게 당부하고 싶은 것은 장기적인 목표를 달성하기 위해서는 노력의 고삐를 늦추지 말아야 한다는 점을 잊지 말고 끊임없이 스스로를 채찍질하라는 것이다. 그리고 어떤 관례나 반복적인 업무를 네가 발전하는 데 장애가 되는 요소라고 생각하지 말고, 네가 최고의 자리에 오르기 위해 겪어야 할 필수 불가결한 경험으로 여겨야 한다는 점도 강조하고 싶구나. 정상에 오르는 도중에 만나게 되는 아주 험난하고 높은 절벽과도 같은 것이라고 말이다.

네가 직면하게 될 그 험난하고 높은 절벽 가운데 하나는 바로 남성의 입장에서 여성을 차별하고 억압하는 성차별이라는 벽일 것이다. 사람은 그 사람의 성별이 무엇이냐에 따라서가 아니라 그 사람의 노력과 지적 능력으로 평가해야 한다는 사실을 이미 많은 남성들이 인식하고 있으며, 최근 들어 그런 남성들이 점점 늘고 있다. 그러나 유감스럽게도 성차별주의 즉, 남성우월주의 풍조는 여전히 비즈니스 사회의 남성들 사이에 깊숙이 퍼져 있다.

여성이 비즈니스 세계에서 제 역할을 해낼 수 있는 권리를 찾았음은 분명하다. 불과 25년 전만 해도 여성이 비즈니스 세계에서 일하는 경우는 거의 없었다. 그러나 지금은 너 같이 비즈니스 세계에 입문하는 여성이 늘어나고 있고, 중간 관리직이나 요직의 반열에 오른 여성들도 있다. 그러나 여성이 결정권을 지닌 위치에 있다는 사실 자체를 받아들이려 하지 않는 남성 동료나 고객과 충돌하는 일이 심심치 않게 생긴단다. 그 차별은 노골적이기도 하고 여성이 그리 심각하게 받아들이지 않을 정도로 교묘하게 이루어지기도 한다. 너는 사회 곳곳에 널려 있는 차별에 대해 항상 주의를 기울여야 한다. 몇 가지 예를 들어 설명해주마.

우리 판매 직원들 중 한 사람으로서 너는 기존의 많은 고객들과 새로운 고객들을 만나게 될 것이다. 남성 고객들 중에는 네가 판매 직원으로서 하는 어떤 조언도 받아들이지 않고, 매니저나 남성 책임자를 불러달라고 요구하는 사람도 있을 수 있다. 너는 공손한 태도로 네가 책임자이며 너와 얘기해도 아무 문제가 없다는 사실을 고객에게 이해시켜야 한다. 그리고 나서 상관에게 이 같은 일이 있었음을 보고해야 한다(상관이 사태를 원만하게 수습할 수 있도록 너를 적극적으로

지지해줄 것이라고 희망을 가져보는 거다).

네가 결정할 문제들을 너 몰래 등 뒤에서 다른 사람이 결정하는 경험을 하게 될지도 모른다. 그 전형적인 예가 '남자들'이 너를 쏙 빼놓고 식사를 하면서 네가 하는 일에 대하여 이런 말 저런 말을 하는 경우이다. 보통 그런 식의 모임은 비공식적인 것이어서 너 몰래 말이 오고 갔다는 사실을 알아내기가 쉽지 않다. 그런 사실을 알게 되는 즉시 자신이 하고 있는 일에 대해 어떤 논의가 있다면 그 일에 책임이 있는 당사자도 참석해야 한다는 사실을 공손하지만 분명하게 짚고 넘어가야 한다. 그렇지 않으면 너의 위치가 그들 임의대로 결정될 것이며 진급에 상당한 장애 요소로 작용하게 될 것이다.

동료, 경영진, 혹은 고객과의 미팅에서 프레젠테이션이나 중재가 분명히 이루어지고 있다는 것을 확실히 보여주고, 그들이 네 말에 진지하게 귀를 기울이고 있다는 사실 또한 분명히 해야 한다.

어떤 남성들은 여성의 의견을 아예 무시해버리는 자신만의 노하우를 지니고 있다. 그러므로 프레젠테이션을 할 때에는 어떤 부분에 대한 코멘트(비평)를 해달라고 요구하도록 해라.

누가 먼저 이야기를 꺼내기만 기다린다면, 원하는 것을 영영 얻을 수 없을지도 모른다. 이것이 바로 무시당하는 것이며 나아가서 회사와 너의 일과 가해자에게까지도 상당한 손해를 입힐 수 있다.

또 다른 두 가지 형태의 차별이 있다. 많은 여성들이 직면하는 차별의 첫 번째 형태는 본질적으로 같은 업무를 처리하면서도 업무에 대한 책임 정도나 월급에 차이가 있는 것이다.

또 한 가지는 여성보다 자질 면에서 나을 게 없는데도 남성이 먼저 승진을 하는 경우이다. 두 가지 상황은 분명 자신의 상관에게 충분한 해명을 받아내야 마땅한 일이며, 한 치의 거리낌도 없어야 할 문제라고 생각한다. 상관의 해명이 불충분하다거나 쇼비니즘(배타적 우월주의)의 냄새가 짙게 배어 있다면 직위가 더 높은 상관을 찾아가 적절한 해명을 요구해야 한다.

그리고 네 업무에 불만족스러운 점이 있다면 상관이나 동료에게 그 사실을 알려야 한다. 그러나 분노해서는 안 되고, 어떠한 부분에 대해 화가 나 있는지 분명히 밝히는 게 좋단다.

화가 났다는 것은 이성적인 반응이지만 분노는 비이성적이며 미숙한 감정 상태이다. 이성을 가지고 대처해나가야 한다. 분노의 감정을 억제하지 못하고 큰 소리를 내면 상대는 심사숙고할 가치도 없는 감정의 폭발로 여기고 무시해버릴 게다.

언젠가 너도 상관의 자리에 올라, 남성 부하 직원을 두게 되겠지(나는 이 점을 한 번도 의심해본 적이 없다). 여성으로서 남성 위에서 일한다는 게 그리 만만치는 않아서 어려운 일이 생길 것이다. 그러므로 누구나 자신의 의견을 솔직하게 제시할 수 있도록 개별 미팅을 열도록 해라. 여자 상관이 자신들 위에 있다는 불만이나 분노를 버려달라고 직접 말하는 것이다. 그렇게 해도 변화가 없다면, 최후의 수단으로는 다른 부서로 전임시킬 게 아니라 단호히 해고해야 한다. 그 정도의 충격이 아니라면 그들은 영영 자신의 생각이 잘못되었다는 사실을 깨닫지 못할 테니 말이다.

내 어떤 대립 상황에서든 항상 침착함과 품위를 유지하라고 다시 한 번 강조하고 싶구나. 너는 지금 30년 전까지만 해도 남성 위주였던 비즈니스 세계를 개혁하는 선두 그룹에서 있다. 시간이 흐르면서 성차별은 완전히 사라지겠지만, 어딜 가도 항상 극단적인 쇼비니스

트는 있게 마련이며, 그들의 편견은 쉽사리 바뀌지 않으리라 생각한다. 그들은 비즈니스 세계에 여성이 등극하는 것에 대한 분노를 결코 극복하지 못할 것이다. 모든 사람들이 조화를 이루며 번영해나가는 세상의 이탈자로, 아웃사이더로 남게 되겠지.

이미 시대적 흐름에서 벗어난 성차별주의는 최근의 많은 비즈니스 여성들한테 거대한 기업체에 뛰어들어 자신의 능력을 증명하기보다는 자신만의 비즈니스를 시작하는 편이 낫다는 사실을 깨닫게 한 장본인이지.

내 생각에 여성들이 뛰어든 새로운 분야의 비즈니스는 전망이 밝다고 본다. 실제로 새로운 분야의 비즈니스 중 반 이상을 여성이 창출해내었다고 하는구나. 그리고 여성 벤처 기업의 생존율도 남성 위주 기업의 생존율보다 해마다 높아진다고 한다.

출근을 며칠 앞두고 너무 무거운 주제에 대해 이야기한 것 같아서 미안한 마음이 드는구나. 그러나 네가 곧 맞서 싸워야 할 편견에 대해 미리 마음의 준비를 해둬야 하는 시기라고 판단했단다. 또한 이 문제를 거론하지 않으면 후회가 될지도 모른다는 생각도 들었단다. 한 가지만 덧붙이자면, 20년이 넘는 세월 동안 지켜봐왔기 때문에, 나는 네가 똑똑하고 추진력이 있으며 용기와 끈기, 그리고 고운 심성을 지녔으며 그 외에도 여러 가지 장점이 많다는 걸 누구보다도 잘 알고 있다.

그렇기 때문에 네가 마음만 먹으면 얼마든지 저 하늘에 빛나는 별을 네 것으로 만들 수 있다고 믿고 있단다.

— 든든한 후견인으로부터

# 사랑과 결혼

딸은 깊은 사랑에 빠져 눈을 반짝이며 결혼에 대해 이야기한다. 아버지는 결혼을 얼마나 신중하게 결정해야 하는지 말하고 상대를 선택할 때 '덤'과 '본질'을 혼동하지 말라고 조언한다.

### 빛나는 눈동자의 딸에게

얼마 전 네가 마크를 사랑하고 있는데 알고 있냐고 물어왔을 때, 무심코 웃어버린 것을 용서하기 바란다. 물론 너의 질문은 매우 유쾌했다. 최근 몇 개월 동안 네가 사랑에 빠졌다는 것은 너무도 명백해서 애완견 카나리아까지 눈치챘을 정도였단다. 게다가 네 모습은 크리스마스 트리처럼 반짝였는데, 그 이유를 몰랐다면 상당히 둔한 사람이겠지.

네가 고백한 것처럼 너를 엄습해온 그 감정의 고조에 두려움을 느긴다고 하더라도, 네가 기뻐하는 모습을 보고 있노라면 마음이 푸근해지는구나. 너무 겁내거나 두려워할 일이 아니란다. 누구나 경험하는 일이니까. 그것은 인간의 온갖 감정 중에 가장 위대하고, 가장 강렬하며, 가장 유쾌한 것이지. 또한 사람과 사람 사이의 상처와 싸움을 치유하고 즐겁게 해주며, 세상을 아름답게 보이게 하는 묘약이란다. 이러한 사랑이 있는 곳에는 배려와 자비, 이해, 그리고 희망이 있단다.

젊은이라면 당연히 누군가를 사랑하며 결혼하고 싶다는 생각에 사로잡히는 법이지. 이는 보편적인 인간의 욕구란다. 배우자를 바라는 생리적인 욕구라 해도 상관없다. 우리는 이상적인 파트너상을 그리며, 그와 맺어져 행복한 생애를 보내길 갈망한다. 하지만 바람직하지 않은 이유로 결혼 생활에 뛰어든 젊은이들도 매우 많단다. 가정의 속박에서 벗어나기 위해.

남들도 다 하니까, 또는 천국에서나 맛볼 수 있을 것 같은 기쁨이 언제까지나 계속될 거라고 믿고 결혼하는 것이다. 하지만 결혼 생활은 그런 것이 아니다. 반드시 어려움과 곤란이 따르게 마련이란다. 그 곤경을 극복할 수 있을 만큼의 사랑이 있다면 결혼 생활은 마르지 않는 행복의 원천이 되며, 세상의 험난한 파도를 피할 수 있는 항구가 될 것이다.

작가 존 필립스 마칸드의 말을 인용하자면 "결혼은 특히 보스턴 일대에서는 매우 중요한 사업이다." 보스턴뿐만 아니라 어디에서나 결혼은 장난처럼 시작해서는 안 되는 사업이라고 생각한다. 만일 네가 결혼을 생각한다면, 무엇보다 너와 마크 사이의 애정이 얼마나 깊이 계속될 수 있는지 측정해보기 바란다.

그를 비난할 생각은 털끝만큼도 없단다. 다만 '결혼을 고려하는 상대'에 대해서는 결혼하기 전에 두세 가지를 객관적으로 평가해봐야 한다는 뜻이다. 사람은 사랑하게 되면 성격이 변한다. 이 마법에 걸리면 때로는 하룻밤 사이에 선량한 사람으로 변하기도 하고 평소보다 더 친절해지고 더 배려하는 마음이 깊어지고 밝아지고 애교가 넘친다. 그러나 때가 되면 담쟁이덩굴이 시드는 것처럼, 고조된 감정이 가라앉으면 넘쳐나던 선행도 시들해진다. 이런 일은 생각보다 빈번히 일어난다.

자신이 생각하고 있는 것이 과거에도 현재에도, 그리고 미래에도 진실이 아니라는 사실을 깨닫게 되면 우리는 심한 충격을 받는다. 드러난 인품과 보이지 않는 이면의 인품이 크게 다르면 점점 견디기 힘들어지겠지. 대부분의 부모가 결혼하기 전에 충분한 시간을 가지고 장차 반려자가 될 상대의 진정한 모습에 대해 관심을 가져보라고 귀가 따갑도록 잔소리를 하는 것은 그런 이유에서란다.

구름 위를 걷고 있는 젊은이에게 구름 아래를 투시하라는 것은 무리한 주문일지도 모른다. 그러나 많은 시간을 함께 지내다 보면, 상대의 기질을 파악하는 것이 그다지 어렵지 않으리라 생각한다. 그 즐거운 시간의 절반만이라도 두 눈을 똑바로 뜨고 귀를 막지 않고 있으면 된단다. 네 애인은 평소에 타인에게 관대하고 시간과 돈을 아껴 쓰는지, 세상에 대해 선의를 갖고 있는지, 자신의 일에 긍지를 갖고 있는지, 예의 바르고 사교적이며 붙임성 있게 대화할 수 있는지, 타인을 이용하지 않으며 정직한지, 또 과음했을 때는 어떻게 변하는지 살펴보아라.

세상의 많은 아버지들처럼 나도 이 세상에 존재하지 않을 법한 슈퍼맨을 사윗감으로 원하는 것 아니냐고 너는 말하겠지만, 그렇지는 않다. 아버지는 네가 진실한 사랑을 멋진 사람과 나누기를 기대할 뿐이다. 대수롭지 않은 인물과 화산 위에서 함께 사는 모습은 보고 싶지 않구나.

프랑스 소설가 스탈 부인은 수백 년 전에 다음과 같은 말을 했다. "사랑은 여성에게 인생 그 자체이지만, 남성에게는 하나의 에피소드에 불과하다."

그것이 진실이라면, 모든 결혼에 신의 가호를 빌어야겠지. 그리고 비교적 최근에 버나드 쇼도 이런 씁쓸한 말을 했다.

"두 인간이 최고로 격렬하고 제정신이 아닌 망상 상태에 빠져 순간적인 열정 아래 있을 때, 그들은 이상할 만큼 기진맥진하게 흥분하여 죽음이 둘을 갈라놓을 때까지 한 몸이 되리라고 맹세하는 것이다."

물론 나는 이 두 저술가만큼 이 문제가 아이러니하다고 생각하지는 않는다. 그러나 오늘날 세 쌍 중 한 쌍은 이혼하는 현실을 놓고 보면, 우리가 어딘가에서 큰 실수를 범하고 있는 게 분명하다. 실로 안타까운 통계다. 이혼은 자식이 없는 경우에도 큰 고통이지만 아이들까지 있으면 더욱 비참해진다. 내 친구들 몇 명도 이혼을 경험했는데, 그들이 받은 고통은 도저히 남의 일로 치부해버릴 수 없었다. 만약 네가 그런 상황에 처한다면 내 마음이 무척 아플 것이다. 지금 네가 타고 있는 뭉게구름 너머로 때때로 현실을 직시하도록 해라. 미래의 남편이 될 사람을 냉정한 눈으로 바라보는 일은, 네가 그러한 상황에 처하지 않기 위해 취해야 할 첫 번째 방법이다.

그러는 동안 너희 둘의 애정이 침착하고, 차분하며, 섬세한 감정이 되기를 기대한다. 너희들이 이해와 친절, 위로, 존경 그리고 성의로 서로의 인연을 강화해나간다면, 스탈 부인의 말처럼 사랑이 단순한 '에피소드'가 되는 일은 결코 없을 것이다.

결혼을 하면 일상생활의 작은 부분까지 나누어야 한다. 너희는 이제 많든 적든 서로에게 영향을 미칠 테니까. 그런데 여기서 한 가지 덧붙여 강조하고 싶은 점이 있다. 함께 지낸다고 해서 어느 한 쪽, 혹은 양쪽의 자유를 속박해서는 안 된다는 것이다. 자신을 주장하는 한편 각자의 취미를 즐기는 여유가 항상 필요하다. 너는 테니스를 좋아하고 네 남편은 스쿼시를 좋아한다면, 각자의 여가 스케줄을 짜도록 해라. 남자들끼리의 낚시 여행이나 여자들끼리의 여행도 거기에 속할 것이다.

기원전 10년경 로마의 시인 프로페르티우스는 "만나지 않으면 그리움이 더 커진다."고 말했다. 그러나 주의해라. 이러한 약은 조금만 사용해야 한다. "사랑하는 사람이 곁에 없을 때는 곁에 있는 사람을 사랑한다."는 오랜 격언도 있기 때문이다. 더 이상 설명할 필요가 없겠지.

부부의 애정은 가장 깊은 우정이다. 그러므로 일생의 반려자를 선택할 때는 신중하지 않으면 안 된다. 친절하고 고결하고 관대한 남성은 이러한 특징이 결여된 백 명의 멋진 남자, 혹은 부자보다 낫다. '덤'과 '본질'을 혼동하는 일이 없도록 해라. 아버지로서 나는 내 딸을 진심으로 사랑해주는 사위를 바란단다. 내 딸에게 친절하며 가장 믿음직스런 지지자이자 내 딸이 일생 동안 가장 사랑하고 가장 신뢰할 수 있는 친구였으면 좋겠다.

거듭 말하지만 슈퍼맨을 바라진 않는다. 다만 멋진 사람이었으면 좋겠다.

— 너를 사랑하는 또 하나의 찬미자가

**P.S.**

이 문제에 관해 내 생각을 조금 더 들어줄 수 있다면, 『사랑하는 나의 아들에게』 책의 '결혼을 가볍게 생각하지 말아라'부분의 네 동생에게 보낸 편지를 읽어주면 좋겠다.

# 근면함을 잊지 말아라

어느날 저녁 아버지는 아들과 딸이 성공하는 비즈니스맨에 관해 논의하는 것을 듣는다. 몇 가지 의견을 들려주고 싶었던 아버지는 그 내용을 편지로 대신한다.

## 사랑스런 논객에게

어제의 저녁식사는 조금은 토론회 같은 분위기더구나. 너와 네 동생이 상당히 흥분하면서 비즈니스계에서 성공하는 사람과 그렇지 못한 사람의 차이점에 관해 나눈 이야기들을 정말 흥미진진하게 들었다. 이 문제에 관해서는 나도 몇 가지 의견을 말하고 싶었지만, 그럴 기회가 좀처럼 보이지 않았기 때문에(요즘 너희 남매가 '논의'를 시작하면 보통 그렇게 되는 것 같다), 지금부터 얘기해보려고 한다. 나는 지금 서재에 혼자 앉아서 너희 둘의 의견에 대해 조용히, 그리고 천천히 음미해보고 있다.

성공에는 제대로 교육을 받았는가 아니면 중도에 그만두었는가, 자세가 적극적이고 인품이 매력적인가 그렇지 않은가, 신념을 갖고 있는가, 용감한가, 겁쟁이인가 등 매우 많은 요인이 영향을 미친단다. 너희들도 그 대부분을 지적하였지.

하지만 그렇게 열렬한 논의를 주고받으면서도 둘 다 근면함에 대해서는 가볍게 정리하는 듯 하더구나. 너희 둘 다 근면이 성공의 한 요소임은 인정했지만, 나는 너희가 이 요소에 관해 진지하게 생각한 적이 있을까 하는 의문이 들었단다. 만일 내가 너희 입장이었다면 몇 가지 중대한 이유로 근면함에 집착할 것 같구나. 어젯밤 너희들이 이야기한 대로, 평생을 성실하게 일해도 우수한 자질이나 소양이 부족하면 비즈니스 세계에서 큰 성공을 거두기 어렵다. 하지만 성공하기 위한 몇 가지 장점, 혹은 그 대부분이 결여되어 있음에도 불구하고 제1선에 서 있는 사람들이 분명 있고 이 모든 자질을 갖추었음에도 경력을 쌓는 초기 단계에서 충분한 노력을 하지 않아 성공에 이르지 못한 사람도 있다고 확신을 가지고 말할 수 있다.

너도 기억하고 있겠지만(새삼 이 이야기를 꺼내는 것은 미안하다만), 대학 1학년 너의 성적은 참담했단다. 새로운 개방적인 생활과 파티, 이성 교제 등 공부 이외의 흥미로운 일들에 정신이 팔려 있었기 때문이었다. 정말 즐거웠겠지. 너도 인간이므로, 대학 1학년으로서 지극히 일반적인 실수를 저지른 것이다. 그 1년이 헛되지 않게 2학년이 되어 미래를 소중히 생각하면서부터 다시 공부에 전념하여 성적을 올린 것은 실로 다행이었다.

비즈니스 세계에서는 자신이 여러 가지 업무에 어느 정도 흥미를 느끼고 있는지 주의 깊게 측정해볼 필요가 있다. 대학시절에 그랬던 것처럼 일에 흥미가 없다면 노력할 마음도 생기지 않는 법이란다. 그렇게 되면 너의 성장도 멈추고 말겠지.

일에 흥미를 느끼는 사람이라면 주 40시간이라는 정해진 시간보다 적어도 50퍼센트는 더 일할 것이다. 그러면서도 욕구 불만을 느끼거나 자신의 일을 지루하게 여기며 정해진 40시간을 허비하는 사람보다 피로감은 훨씬 적게 느낄 것이고. 사실 주70시간, 혹은 그 이상을 가뿐하게 일하는 사람도 아주 많단다. 이들은 자신이 좋아하는 일을 하는 사람들이다. 일이 너무 즐거워서 월급을 받는 것이 미안할 정도라고 농담하는 사람도 있다.

반면에 그 무엇이든 일보다는 낫다고 하는 사람도 많다. 그들은 텔레비전 시청과 쇼핑을 즐기고 친구와 술 마시거나 그냥 멍하니 시간을 보내는 것을 좋아한다. 그런 사람들이 어느 정도의 일을 수행할 수 있는지는 쉽게 짐작이 갈 것이다. 물론 많은 사람에게는 직장에서의 성공보다 훨씬 소중한 인생의 목적이 있다. 나는 이 말에 이론을 제기할 생각은 없다. 그러나 네가 성공을 원한다면 앞으로 몇 년 간은 노는 것보다 일에 훨씬 흥미를 가져야 한다. 죽을 각오로 일할 자세가 되어 있는 사람에게만 달콤한 성공의 열매가 주어지는 것이란다.

너에게 시간은 있으나 흥미와 의욕, 불굴의 정신이 없다면 성공에 이를 수 없다. 토머스 에디슨은 수많은 훌륭한 발명품 외에도 다음과 같은 명언을 남겼다.

"근면을 대신할 수 있는 것은 없다."

이 명언은 짧지만 정말로 날카로운 진실이 담겨 있단다. 너도 잘 알겠지만, 국가가 가진 최대의 자원은 국민이다. 번영하는 나라의 국민은 직업적 도덕 수준이 매우 높아서 능력이 되는 한 계속해서 일을 하겠다는 강한 신념과 실천력을 가지고 있다. 이것은 국력을 유지하기 위해 필요한 자세일 뿐 아니라 회사를 유지하기 위해서도 필요한 것이며, 네가 성공을 거두기 위해서도 절대로 필요한 것이다. 능력의 한계까지 최선을 다한다는 의지와 욕구, 결의가 없어서는 안 된다. 너는 근면의 대가로 목적을 달성하고, 타인에게 존경을 받으며, 스스로의 길을 개척했다는 자부심을 느끼게 될 것이다.

스스로를 향상시킬 능력을 가지고 있으면서도 노력하지 않는 게으른 자를 나는 절대 존경할 수 없다. 그리고 사회에 도움이 될 능력을 하늘로부터 받았으면서도 사회에서 받기만 하는 사람들도 존경할 수 없다. 그런 사람들은 이 세상의 밀렵꾼이다. 가장 안타까운 점은 그들이 그것을 깨닫지 못하고 자기 자신에게 가장 지독한 거짓말을 하고 있다는 사실이다. 되도록 적게 일하면서 버텨나가면 결국 손에 쥐는 것은 허무함뿐일 게다. 그 결과로 무엇을 얻을 수 있겠니. 개인적으로도 사회적으로도 전혀 아무런 득이 되지 않는다.

네 할머니께서는 주80시간을 일하면서 "노력하지 않으면 사람은 인생에서 아무것도 얻을 수 없다."고 말한 고대 로마의 시인 호라티우스와 똑같은 생각을 하셨단다. 다음번에 너와 네 동생이 성공의 기본 조건에 대해 논의를 할 때에는, 너희 둘 다 할머니와 호라티우스의 말이 경험에서 나온 교훈임을 인정하고, 너희가 각자 꼽아본 조건들 중에서 제일 중요한 자리에 '근면'을 놓길 기대한다.

　　　　　　　　　　　　　　　　－ 너희들의 논쟁 심판원으로부터

# 회사의 성장과 함께 성장하기

딸은 학교를 졸업하고 회사에 입사해서도 경영학 강좌를 수강한다. 아버지는 성공하기 위한 비즈니스 세계의 제1원칙은 끊임없이 배우는 것이라며 딸에게 배움의 중요성에 대해 강조한다.

## 사랑하는 줄리에게

얼마 전 내가 로버트 씨 대신 펜튼 씨를 업무부장으로 기용한 사실을 알고 충격을 받은 모양이더구나. 그렇게 결정한 요인은 두 사람의 경험이나 소질이 아니라 '부단한 학습'으로 회사와 함께 성장하고자 하는 적극적인 의욕의 차이였다고 말하면 너는 또 한 번 놀라겠지. 이에 대해 좀 더 자세하게 이야기해보자꾸나.

최근 네가 경영학 강좌를 수강 신청했다는 말을 들었을 때 나는 날아갈 듯이 기뻤단다. 그 이유가 몇 가지 있는데, 우선 네 향학열이

건전하기 때문이다. 대부분 사람들은 학교를 졸업하고 나면, 열심히 공부해서 생활을 꾸려갈 수 있게 되었고 장래도 보장되어 있으니 이제 무사태평하게 지내면 된다고 생각한다.

그러나 이것은 터무니없는 착각이란다. 개인 생활이나 직장생활에서 평생 교육의 가치는 이루 말할 수 없다. 사람들이 좀처럼 출세를 못하겠다, 인생은 지옥이다, 혹은 너무 지겨워서 아침에 일어나고 싶지 않다는 불만을 토로하는 것은 대부분 이러한 사실을 간과하고 있기 때문이다.

성공하기 위해서는 끊임없이 배워야 한다는 것이 비즈니스 세계의 제1원칙이란다. 지식을 축적할수록 큰 성공을 기대할 수 있기 때문이라는 것을 강조할 필요는 없겠지.

사람은 경험을 쌓으면서 출세의 계단을 올라간다. 승진의 근거로 경험 이외에 경영진에게 보여줄 수 있는 것은 많지 않다. 그러므로 출세하는 사람은 경험과 더불어 스스로를 향상시키기 위해 부단히 노력하고 적극적으로 실천하고 있음을 경영진에게 보여주는 사람이란다. 9시부터 5시까지의 일상적인 경험 이외에 판매 실적을 향상시키기 위한 혁신적인 기술을 배우고 있는 사람 말이다. 근무시간을 제외한 나머지 주128시간의 일부를(설령 두세 시간만이라도) 기술이나 전문 지식을 익히는 데 할애한다면, 그런 노력을 하지 않는 경쟁자와 차이가 나지 않을 수 없다. 노력하는 사람이 제일 먼저 승진하는 법이란다. 전문적인 지식을 쌓아갈수록 회사에 점점 더 귀중한 존재가 된다.

내가 정말로 눈여겨보는 사람이 어떤 사람인지 아니? 자신의 담당 분야와 직접 관련된 강좌뿐만 아니라, 다른 부문에 관한 강좌에도 관심을 기울이는 사람이란다. 어떤 사업이든 재무와 마케팅 부문이 당연히 있고, 통상적으로 인사 관리 부문과 생산 부문, 그 외에 회사의 판매, 소득세의 여러 규정, 혹은 특허법 등과 관련된 전문적인 분야가 있다. 헤아리자면 끝이 없을 정도이다. 다양한 분야에 가능한 한 많은 시간을 들여 공부하는 사람은 자신의 장래를 위해 투자를 하고 있는 셈이다.

경이로운 속도로 출세의 계단을 뛰어오르는 관리직들이 더러 있는데, 그런 관리직은 대부분 여가시간에 끊임없이 공부한다. 지칠 줄 모르는 지식욕으로 충만한 공부벌레들이지.

공식적인 조사 결과는 없지만, 자신의 일과 관련하여 근무시간 외에 1분이라도 더 배우려 하는 사람은 백 명 중 고작 한명 정도일 것이다. 그러므로 정성을 다해 계획한 건설적인 학습 계획을 착실히 실천해나간다면, 너는 대부분의 경쟁자들을 쉽게 물리칠 수 있을 것이다. '정성을 다해 계획한 건설적인 학습 계획을 착실히 실천해나간다면'이라는 말에 특히 주의해라. "배우려고 생각하지 않으면 암담하고, 생각만 하고 배우지 않으면 위험하다."고 공자도 인정했다. 그 학습 계획이 평생 이어지지 못한다 하더라도 장기간에 걸쳐 적극적으로 임하지 않으면 안 된다. 나는 지금 인생의 가을을 보내고 있지만, 경쟁자보다 앞서기 위해서 뿐만 아니라 간신히 오른 출세의 계단에서 미끄러져 내릴 수는 없다는 마음으로 한층 더 열심히 공부하고 있단다.

어떤 사회든 성장하려면 사람들이 그 언어를 바르게 읽고 써야 한다. 캐나다를 포함하여 서양의 많은 나라에서는 고교생의 중퇴율이 매우 높다. 게다가 고교 졸업자들도 상당수가 사실상 읽고 쓰기를 제대로 못한다. 이렇게 기본적인 언어력이 부족하다는 점을 생각하면, 나는 매우 큰 불안을 느낀다. 그것은 우리에게 무엇보다 귀중한 자원인 교육받은 사람들을 점점 잃고 있음을 의미하기 때문이다.

일본이 과거 40년 간 눈부신 발전을 이룩한 사실에 대해 전 세계가 경탄했다. 현재 일본인의 95퍼센트가 고교를 졸업하였고, 이들은 서방 국가들의 대학 1, 2학년 정도의 학력을 갖추고 있다. 이러한 교육 수준을 생각해보면 그들의 경이적인 성장은 조금도 놀랄 일이 아니다. 일본의 최대 무기, 즉 교육을 받은 근면한 국민은 일본의 장래에 보다 큰 이익을 가져다줄 것임에 틀림없다.

국력을 유지하기 위해서는 급속하게 진행되는 공학 기술의 발전에 뒤떨어지지 않도록 국민을 교육해야 한다. 가까운 예를 들어, 너를 포함한 사원 전원이 학습 프로그램에 따라 시대의 움직임과 보조를 맞추지 않는다면 우리 회사가 살아남을 수 있을까? 대답은 간단하다. 절대 살아남을 수 없다. 적극적으로 프로그램을 마련하여 사원을 교육시키는 회사만이 살아남는다. 국가에 적용되는 원칙은 그대로 회사에도 적용된다.

경영진의 일원으로서 이 점을 잊지 말아라. 그러지 않으면 내가 떠난 후, 너는 내 무덤에 링컨 컨티넨털이 아니라 손수레를 타고 와야 할 것이다. 경영자로서 너 개인의 성장이 회사의 성장에 추월당하지 않도록 해라. 회사의 발전에 따라 너의 관리능력도 신장되어야 한다. 그렇지 않으면 너도 해고되거나 혹은 제대로 성장하지 못하고 주류에서 낙오되는 많은 관리직 중 하나가 될 테니까.

경영학 강좌를 수강하고, 사업 경영 전반에 관한 가능한 많은 책을 읽고 연구함과 동시에 개인적인 관심사도 적극적으로 연구해라.

이미 알고 있겠지만, 인간의 심리 작용을 연구하는 일은 너에게 많은 도움이 될 것이다. 유감스럽게도 내가 그것이 중요하다는 사실을 알게 된 건 20대가 아니라 50대가 되어서였다. 아무쪼록 너는 절호의 기회를 놓치지 말고 바로 지금 그 지식을 활용하도록 해라. 적어도 오늘 중으로 이 테마를 다루고 있는 나의 장서 한 권을 펼쳐 내 조언이 타당한지 확인해 보거라.

책을 많이 읽는 것 또한 네게 커다란 도움이 된단다. 도서관이나 서점에 가면 건강 유지법에서 저녁 모임 때 냅킨 놓는 법에 이르기까지 다양한 테마에 관한 서적들이 산더미처럼 쌓여 있다. 한마디 덧붙이자면, 인생의 주도권을 잡기 위한 수단으로 역사서를 읽으라고 권장하고 싶구나. 이 역사서는 우리에게 조상들이 일반적이거나 예외적인 사태에 대해, 도전 목표에 대해, 또는 정복 목표에 대해 어떻게 임했고 이를 어떻게 완수하였는지 가르쳐준다. 인생에 일어나는 사건 중에는 되풀이되는 일이 많다. 우리가 알고자 하는 해결 방법 대부분이 이미 다른 이들에 의해 시도되었고 입증되었다. 그리고 책으로 만들어져 독자를 기다리고 있다. 다른 이들이 저지른 실수에 관해서도 마찬가지이다. 우리는 이러한 전례로부터 같은 실수를 하지 않는 방법을 배워야 한단다.

네가 처음으로 수강한 강좌에서 얻을 수 있는 수확이 보다 많은 강좌를 수강하도록 유도했으면 좋겠다. 그러는 사이 너에게는 배우는 일이 습관이 될 것이다. 18세기의 영국 소설가 로렌스 스텐의 말처럼 "지식욕은 금전욕과 같아서, 축적할수록 커진다." 1주일에 40시간을 직장에서 일하고 5시간을 공부에 할애하더라도, 123시간은 수면과 식사, 그리고 여가에 쓸 수 있다. 잘 생각해보아라. 그리고 회사에서 너의 가치는 네가 이 문제에 얼마나 주의를 기울이고 의욕적으로 행동에 옮기는가에 비례하여 높아진다는 점을 잊지 말거라.

지금부터 10년 후에 너는 나이를 열 살 더 먹은 만큼 현명해져 있을까? 아니면 그냥 열 살을 먹기만 할까? 네가 후자를 선택하여 로버트 씨의 전철을 밟지 않길 바란다.

– 노령의 학도가

# 결단력을 기르는 방법

딸은 결정을 망설이고 있다가 회사에 커다란 이익이 될 중요한 계약을 놓치고 만다. 아버지는 이것이 실패에 대한 두려움과 나태함에서 온 것이라고 지적하고 이 실패가 커다란 진보의 시금석이 될 것이라고 위로한다.

### 사랑하는 줄리에게

　새로운 화학제품의 판매권 획득 경쟁에서 네가 한 발 늦었다는 소식을 듣고 아버지는 안타까웠다. 그 판매권을 얻었다면 우리 회사는 예상 외의 이익을 손에 쥐었을 게다. 그러나 이익을 놓친 게 안타깝다기보다는 경쟁을 제대로 마무리하지 못했다는 점이 아쉽구나. 이를테면 우리는 트랙 안쪽의 유리한 코스를 달리면서 제일 앞서 달리고 있었는데, 너의 결정이 늦어지는 바람에 마지막 직선 코스에서 추월당한 것이다.

유럽 회사가 캐나다의 대리점 지정을 그렇게 서두르고 있었다는 사실을 아무도 알려주지 않았다. 시간적으로 더 여유를 갖고 적절한 결정을 내리려고 했다고 변명할지 모르겠다.

하지만 나는 납득할 수 없구나. 비즈니스맨들에게 자주 발견되는 중대한 결점 중 하나는, 신속한 결단을 내리지 못한다는 점이다. 의사결정이 늦어지면 시간을 낭비하게 될 뿐만 아니라 비효율성을 초래하여 회사에 큰 손실을 안겨준다.

이번 일에서 너는 결정을 내리기 위해 필요한 정보를 모두 가지고 있었지만, 그것을 평가하는 시간을 갖지 않았더구나.

너는 좀 더 시간을 할애했어야 했다. 18세기의 영국 시인 에드워드 영은 "질질 끄는 것은 시간 도둑이다."라고 말했다. 이것이 바로 너의 새로운 판매권을 훔친 도둑이다.

비즈니스 세계에서 성공을 보장하는 명백한 척도는 없지만, 경험적으로 증명되어 이미 알려진 기본적인 척도는 두세 가지가 있다. 그 중 하나가 결단력이다. 최종적인 결단을 내릴 수 있는 사람이 너밖에 없을 때, 그 사실을 인식하는 것도 그 범주에 포함된다. 그러나 이 두 가지가 구비되어 있어도 필요한 공부를 해두지 않으면 아무것도 할 수 없다. 의사결정은 언제나, 특히 신속한 의사결정은 도전 그자체이다. 실로 많은 기회가 주저하는 사람들의 옆구리를 스쳐지나간다. 상황을 체계적으로 정리하여 건설적인 결론을 이끌어내려 하지 않고, 걱정이나 불안으로 시간을 허비하는 사람도 마찬가지란다. 아마 이런 사람들은 대부분 중요한 결정을 내리기 위해 예전부터 활용되는 다음과 같은 단순한 방식에 대해 들은 적이 없을 것이다. 설령 들었다고 하더라도 가볍게 흘려들었을 테지.

모든 사실을 취합하여 각각에 플러스나 마이너스 기호를 붙여두는 데는, 한 장의 백지와 펜, 그리고 약간의 시간이 필요할 뿐이다. 종이 한가운데에 가로로 직선을 긋고, 반쪽은 플러스 란, 또 다른 반쪽은 마이너스 란으로 한다. 그리고 네가 모은 데이터를 해당하는 곳에 득점표를 작성하듯이 기입한다.

양쪽의 각 요인을 주의 깊게 평가하고, 그 옆에 1점에서 10점까지 점수를 적은 후, 각 란의 수치를 더한다. 한 쪽의 득점이 다른 한 쪽보다 훨씬 크다면 네가 결정해야 할 방향이 상당히 분명해질 것이다. 프로젝트 자체를 재고하거나 재평가해야 하는지 그대로 진행할 수 있는지 명백해지겠지.

어느 한 쪽으로 기울지 않을 경우, 즉 각 란의 합계의 수치가 너무 비슷할 때에는 직감에 네 운명을 맡길 수 밖에 없다.

예비 작업을 전부 마치면 반드시 문제를 정면으로 마주하고 최후의 결론을 내도록 해라. 결론을 내리기 전후에 불안에 싸여 초조해하는 시간 낭비는 한순간도 있어서는 안 된다.

"결정을 내렸을 때, 걱정은 이미 끝난 것이다. 도전을 극복한 것이다. 의사결정은 인생의 양념이다. 한 번 결정을 내리고 나면 거듭 생각하여 마음이 약해지거나 새삼스럽게 걱정을 해서는 안 된다." 이것은 미국의 대통령 트루먼의 신조였다. 너무나도 그다운, 생활에 근거한, 건전하고 상식적인, 마음에 담아 두어야 할 조언이다.

실패에 대한 두려움은 종종 우유부단한 태도의 주된 원인이 된다. 그러나 모처럼의 기회가 네 사무실의 창을 뚫고 나가 경쟁 회사에 넘어가는 것을 잠자코 구경만 하기 보다는 일단 시도해보고 실패하는 편이 낫다. 비즈니스를 한다는 것은 의사결정을 하고, 새로운 아이디어를 시험하고, 좋은 기회를 잡고, 이기거나 혹은 지는 것을 의미한다. 어떤 챔피언도 항상 이길 수는 없단다. 단지 이기는 경우가 많을 뿐이지. 실패를 두려워하여 시도조차 하지 않는다면 어떻게 승리를 손에 넣을 수 있겠니. 비즈니스 세계에서도 마찬가지이다. 두려움을 모르고 내디딘 어린 아기의 걸음마가 언젠가는 승리에 도달하기 위한, 두려움을 모르는 거인의 발걸음이 되는 거란다.

단호한 결단을 막는 또 하나의 원인은 나태함이다. 이는 유효한 결정을 내리기 위해 필요한 정보 수집이라는, 끈기가 필요한 장기간의 작업을 지연시키는 데서 비롯된다. 네가 의욕을 잃거나 화를 내는 것을 본 적은 없지만, 때때로 너의 책상이 산더미 같은 서류로 덮여 있는 것을 보게 된다. 가끔씩 한 시간 정도만 일찍 출근한다면 다른 사람들이 오기 전에, 그리고 전화와 팩스의 소음이 시작되기 전에 쌓여 있던 일들이 상당 부분 정리되지 않을까. 한번 시험해 보거라.

아버지가 무작정 빠른 결단을 좋아하는 것처럼 들릴지 모르겠다. 확실히 그런 면이 있지만, 결정이 잘못되었다는 사실을 깨달았을 때에 양식의 범위 내에서 가능한 빨리 변경하는 데에도 찬성한다. 잘못된 방향으로 일을 진행한다면 갈수록 혼란스러울 뿐 아니라 경제적인 손실도 커진다. 당장 돌아서야 한다. 그러나 이와는 달리 결정을 내리기에 앞서 시간을 들이는 것이 좋은 특수한 상황도 있다. 사실과 숫자, 테스트 결과 등 무엇이든 입수한 자료를 정리한 후에 일정 기간 '숙성'시키고 나서 결정을 내리는 것이란다. 이는 '의사결정을 연기한다.'는 결정을 내리는 것으로, 의사결정을 하지 못하고 질질 끄는 것과는 다르다.

　유럽 회사의 권한을 대행할 권리를 얻지 못해 매우 안타깝겠지. 이 편지를 읽은 지금도 그 우울한 기분은 별로 변하지 않았을 게다. 그러나 넌 모르고 나는 아는 것이 있다. 그것은 지금, 아니 내일도 무리겠지만, 머지않아 너는 이 실패를 네 인생의 커다란 진보로 간주하게 되리라는 사실이다. 왜일까? 그것은 이 경험 덕분에 너의 많은 훌륭한 특질 중에서도 특히 결단력을 기르는 일이 얼마나 중요한지 분명해졌기 때문이다.

　혹독한 교훈이었으나 그 혹독함 덕분에 다음 성공을 노릴 기회가 열렸으며, 성공을 이룬 기쁨은 몇 배 더 감미로울 것이다. 네가 잡을 마음만 있다면, 고맙게도 이번에 놓친 고기보다 더 큰 고기들이 얼마든지 헤엄치고 있다. 주저하지 말고 낚아 올려라.


　　　　　　　　　　　　　　　　　　　- 회장으로부터

# 선행은 위대한 표현이다

딸이 한 번의 생색도 내지 않고 노인돕기 캠페인과 아프리카 난민돕기 캠페인에 오랫동안 참가해온 사실을 알게 된 아버지는 딸의 사려 깊음에 감동받는다. 인생은 세월이 아니라 행위라는 말로 딸의 선행을 칭찬하며 똑같은 보답이 딸에게도 있을 거라는 축복의 말을 잊지 않는다.

## 남을 배려할 줄 아는 딸에게

얼마 전 네 친구 케이트한테서 우연히 네가 마을의 노인돕기 캠페인에 참가하고 있다는 이야기를 들었을 때, 아버지는 몹시 흐뭇했단다. 젊은이들에게 양로원 방문을 장려하는 그 훌륭한 운동에 대해서는 듣고 있었지만, 네가 거기서 적극적으로 활동하고 있는 줄은 몰랐다. 이 운동을 비롯하여 전 세계에서 매일같이 베풀어지고 있는 많은 선행이 세상에 거의 알려지지 않는 것은 참으로 유감스러운 일이다. 매스컴은 사회의 어두운 면, 즉 남에게 상처 주는 사람들한테만 관심을 가질 뿐 남을 도와주는 사람들에 대해서는 별로 다루지 않는구나.

나는 후자에 더 관심이 많은데, 신문은 그런 뉴스를 다루면 팔리지 않는 모양이다. 친절한 행동을 하면 매우 기분이 좋아지는데, 왜 사람들은 그런 행동에 관심을 두지 않는지 모르겠다. 심지어 남을 돕는 것이 특히 상대가 모르는 사람이라면 쑥스럽다고 느끼는 사람도 많은 것 같다. 자동차 타이어가 펑크 난 사람을 도와주고, 건널목을 건너는 노인을 옆에서 보호해주며, 버스나 전철에서는 자리를 양보하거라. 부끄러운 것은 오히려 도움을 필요로 하는 사람에게 손을 내밀지 않는 것이다.

너도 깨달았을지 모르지만, 도움을 필요로 하는 사람을 보면 본능적으로 손을 내미는 사람은 자기 자신이 곤란에 빠졌을 때 항상 도움을 받는다. 누군가가 마치 마법처럼 나타나서 '똑같은 보답'을 해주는 것이다. 그러나 그것은 마법이 아니란다. 선행은 반드시 다음 선행을 낳고, 선은 선을 부르기 때문이지. 이것은 세상에서 가장 강력한 연쇄반응 중 하나란다.

그리고 우리는 모두 살아 있는 동안 적어도 몇 차례는 그런 기회를 얻는단다. 도움을 필요로 하는 사람은 우리 주변에 얼마든지 있으니까. 간단한 위로의 말이 필요한 사람, 조금만 도와주어도 일상생활이 편해지는 사람이 바로 네 옆에 있을 것이다. 노인과 가난한 사람, 병약한 사람, 신체가 자유롭지 못한 사람 등 우리는 그런 사람들과 이웃하여 살면서도 종종 잊어버리거나 고의로 무시하기도 한다.

'이웃을 돕자'는 화제가 나오면, 네 할머니는 항상 같은 이야기를 해주셨다. 할머니가 살던 마을에 젊은 여인이 있었는데 마을 사람들은 아무도 그 여인과 가까이 지내려 하지 않았다고 한다. 남편을 여의고 혼자 힘으로 작은 농장을 일구면서 네 명의 아이를 기르는 그녀는 새벽부터 밤까지 일해야만 간신히 생계를 유지할 수 있었다. 그러던 중에 이웃에 혼자 살던 나이 많은 농부가 암에 걸려 거동을 못 하게 되었다. 그러나 마을 사람 누구도 노인을 돕지 않았다. 그 젊은 여인을 제외하고는. 그녀는 바쁜 와중에도 노인을 보살폈다. 노인은 1년 간 그녀의 간병을 받다가 결국 죽음을 맞이했다고 한다.

노인의 친척들이 유산을 노리고 법률사무소에 몰려들었다. 노인은 매우 검소하게 생활했지만 상당한 재산가였기 때문이었다. 그러나 그들은 한 푼도 받을 수 없었다. 노인 소유의 농장, 현금 등 재산모두는 유언에 따라 고인을 간병한 젊은 여인에게 상속되었다는 변호사의 말에 그들은 실망할 수밖에 없었다. 노인은 이 여인의 수고에 깊이 감사했던 것이다. 일시적인 가벼운 동정심을 보여준 것이아니라 온 정성을 다해 매일 힘겹게 시간을 내서 보살펴주었기 때문이다.

말할 것도 없이 그 후 이 여인의 생활은 변했겠지. 그녀는 가족을 부양하기 위해 억척같이 일할 필요가 없었다. 또 한 가지, 그녀에게 그 이상의 중요한 변화가 있었다. 그 후로는 마을 사람들에게 따돌림을 당하는 일도, 비웃음을 당하는 일도 없었다. 늙은 농부가 죽기 직전에 여인의 선의와 선행을 밝혀준 덕분에 그녀는 사람들에게 칭송받고 존경받게 되었던 것이다(노인의 친척들도 유산 상속을 받지 못한 충격에서 벗어나 아마 그녀를 칭송했을 것이다).

이 이야기에서처럼 선행으로 극적인 보상을 받는다거나 세상의 칭송을 받는 경우는 상당히 드물단다. 남을 돕는 일, 남과 나누는 일, 혹은 남에게 주는 일에 대한 진정한 대가는 타인을 도움으로써 느끼는 비밀스런 자기만족이어야 할 게다.

그렇게 스스로가 자신을 조금씩 좋아하게 된다면 그것만으로 충분하다. 선행을 베풀고 나서 감사받거나 세상에 인정받기를 기대한다면, 모처럼의 성의가 가치를 잃어버리고 만다. 다양한 자선운동에 시간과 정력, 혹은 돈을 익명으로 기부하는 사람이 많은 것도 아마 그 때문일 것이다. 그런 사람은 감사나 세상의 칭송을 바라지 않는다. 앞서 이야기한 '똑같은 선행'의 강력한 연쇄반응을 또 몇 번 일으켰다는, 마음 깊은 곳에서 느끼는 만족감을 바랄 뿐이지.

내가 생각하기엔, 보다 나은 사회를 만들기 위해 자신의 시간을 무료로 제공하는 수많은 사람들이야말로 세상에 알려지지 않은 현대의 진정한 영웅이 아닐까 싶구나. 병원이나 양호시설의 봉사자들, 다양한 의학 연구를 위해 모금 활동을 하는 사람이 있다. 장학금을 받지 못하면 교육을 받을 수 없는 젊은이들을 위해 다양한 보조금 제도를 설치하여 지원하는 사람들도 있다. 이 사람들 대부분은 그 노력에 대해 공적인 장소에서 칭찬받거나 화려한 찬사를 받은 적이 없다. 그들은 다만 필요에 따라 해야 할 일을 할 뿐이고, 자신의 노력을 필요로 하는 사람에게 도움이 되기만을 기대한단다. 그리고 남을 위해 애쓸 때 느끼는 내면의 기쁨을 맛보는 것이란다.

그것은 네가 '캐나다 양부모 계획기금'을 통해 양녀로 삼은 아프리카 난민 소녀한테서 편지를 받았을 때, 네 얼굴에 번지는 기쁨과도 같은 거지. 내가 너의 이 훌륭한 행동을 알게 된 것은 네가 그 일을 시작한 지 반년이나 지난 후였단다. 그때 그 사실을 알고 너를 자랑스럽게 생각하고 존경심까지 느꼈던 것은 결코 잊을 수 없을 것이다. 너는 아무에게도 말하지 않고, 남에게 칭찬받으려 하지도 않으면서 순수한 선의로 얼마 되지도 않는 급료의 일부를 매달 송금했지.

무엇보다 숭고한 것은 개인의 자발적인 선행이다. 그리고 자신도 어렵고 더없이 곤란한 상황 속에서 상대방을 돕는 일이다. 다시 말하면 자신이 위로받고 싶을 때 남을 위로하고 자신이 슬플 때 남의 슬픔을 달래주며, 생활이 어려울 때 남에게 베풀고 나누어주는 것이 존경받을 수 있는 행위란다.

몇 년 전 나는 의료 기기를 구입하고 싶어하는 주치의를 위해 동료 사업가들을 대상으로 기부금을 모금한 적이 있다. 이렇게 하여 5만 달러 정도를 모았을 때, 이 모금 활동에 대한 소문이 80세의 노부인에게 전해졌지. 어느 날 노부인은 의사의 진료소를 찾아와 이 기금에 써달라며 1개월분의 노령 연금 수표를 두고 갔다. 185달러였다. 의사는 노부인이 가난하며, 그 돈이면 그녀의 한 달 생활비가 된다는 것을 알았단다. 노부인은 신뢰하는 의사의 기부금 모금에 조금이라도 보탬이 되고 싶었던 거다. 우리는 수표를 돌려주어서 이 훌륭한 협력자의 기분을 상하게 할 수 없었다. 모처럼의 호의를 물리칠 수가 없었던 거지. 물론 7천 달러라는 고액을 기부한 사람도 있었지만, 우리는 노부인의 행동에 당연히 숭고함을 느꼈다. 차가운 겨울날 그 훌륭한 노부인이 우리에게 가르쳐준 진정한 배려와 나눔의 의미는 결코 잊지 못할 것 같구나. 받는 것보다 주는 것이 좋다는 옛말이 딱 들어맞는 예가 아니겠니.

19세기의 시인 필립 제임스 베일리는 "인생은 세월이 아니라 행위이다."라고 했다. 앞으로도 너의 선행을 즐겁게 바라보고 있겠다. '똑같은 보답'의 연쇄반응으로 너에게도 좋은 일이 있을 것이다.

– 네 곁의 '겁쟁이' 로부터

# 비즈니스 세계의 희로애락

딸은 회사 매입에 대한 과감한 보고서를 제출한다. 아버지는 의욕만 앞선 딸의 보고서를 읽고, 회사를 운영하고 성장시키는 기본 방침에 대해 설명한다.

## 사랑하는 딸에게

최근 비즈니스 업무로 여러 지역을 다녀온 건 너도 알고 있지. 세계 여러 곳을 둘러보는 것은 매우 즐거운 일이지만, 역시 나의 집만 한 곳이 없다는 생각이 든다. 언제나 여행에서 돌아오면, 내가 자리를 비운 동안 회사가 어떻게 돌아가고 있었는지 궁금해 하지. 네가 작성한 SMS사의 예상 판매율 보고서를 검토하면서 이번에는 참으로 많은 일이 있었다는 사실을 알았단다.

네가 이런 과감한 보고서를 제출한 것은 이번이 처음이구나. 물론 네가 발견해낸 사실들은 매우 흥미롭다. 그러나 네가 뭔가를 해냈구나 하는 기쁨보다는 걱정이 앞선다. 자, 마음의 준비를 단단히 해두어라. 이 아버지의 편지가 그리 유쾌하지만은 않을 테니 말이다.

어떤 회사를 매입하는 것은 정말 흥분되고 기분 좋은 경험이다. 거대한 제국과 권력의 이미지가 떠오르며, 눈덩이처럼 불어나는 수입을 생각하면 얼굴엔 환한 미소가 피어오르겠지.

나는 여러 번의 성공적인 매입을 통해 하늘을 훨훨 나는 듯한 경험을 이미 해보았다. 그래, 네 기분은 충분히 이해가 되지만, 그 이면의 냉혹한 진실은 이렇다. 숨겨진 위험이 도사리고 있는 일에는 정말 신중을 기하여, 생각에 생각을 거듭해야 한다는 사실은 여러 차례 실패를 거듭하며 값비싼 대가를 치르고 나서야 터득하게 되는 것이다.

그 회사를 매입해야 하는 이유로 네가 내세운 이론적 근거는 그 회사가 같은 업계 중 가장 큰 규모의 회사라는 사실에 치중해 있더구나. 대단한 목표임이 분명하다. 나 역시 비즈니스 인생에서 이루고자 고군분투했던 일이다. 그러나 목표를 세우는 일과 그 목표에 확실히 도달할 수 있는 길을 조심스럽게 닦아가는 일은 별개의 문제란다.

네 보고서에서 가장 걱정이 되는 부분은 최종 목적지까지 도달하기 위해 우리가 무조건 돈을 쏟아 부어야 한다고 주장한 점이란다. 상관비용을 제대로 측정하지 못한 모양이더구나.

그것은 우리 회사의 현재 상황과 맞지 않는 계산이었다. 실제 경영에서 필요한 평가가 전혀 이루어지지 않았으며, 시장에서 그들의 상품이 어느 정도 역량이 있는지에 대해서도 제대로 조사가 이루어지지 않았다. 결국 '그들이 왜 팔려고 내 놓을까?'에 대한 해답도 나오지 않았다(그러므로 너의 무조건적 투자 방식은 그들에게 크나큰 인센티브로 작용할 거라는 생각이 들더구나). 혹시. 혹시 말이다. 우리 회사가 업계 1위가 되기 위해 수년에 걸쳐, 그러나 매우 안전한 방법으로 성장 속도를 철저하게 조절하면서 시장 확대를 해나가고 있다는 사실이 답답하다고 생각한 적이 있는지 궁금하구나. 혹시라도 하룻밤 사이에 회사가 급성장하여 1위로 우뚝 서기를 바라고 있는 게 아닌가 싶다.

내가 예전에 언급했던 모든 사전조사를 해놓지 않았기 때문에 제안서를 가지고 은행 심사역을 직접 만났을 때도 뚜렷한 방법이 없었다. 그는 네가 제출한 계획을 살펴보더니 그리 탐탁지 않은데다가 비용도 너무 많이 들 것이라고 했다. 자신들에게 전지전능한 신이 부여한 결정권이라도 있는 듯한 태도 때문에 심사역에게 거절당할 때면 화가 치밀어 오른 적이 한두 번이 아니었다. 게다가 그러고 은행을 나올 때면 항상 내 자신이 바보 같다는 느낌이 들었지. 그러나 제안서의 견적이 부정확하다거나 그럴 듯한 말로 얼버무리려 했다거나 몇 가지 중요한 사항을 빠뜨렸다든가 하는 점을 깨닫고, 내가 신중하고 철저하게 준비하지 못했기 때문에 거절당했다는 사실을 인정하게 되면 끓어오르던 분노는 가라앉는다.

즉 내가 말하고자하는 요점은 이렇다. 오랜 세월을 거쳐 나는 심사역의 숙련된 경험에서 우러나오는 의견과 조언을 항상 존중하고 명심하는 법을 터득하게 되었다. 그는 내 제안을 거절해야 할 때는 확실히 거절하고 받아들일 때는 받아주면서 많은 손실을 막을 수 있게 해주었기 때문이다. 하지만 젊은 시절에는 내가 하고자 하는 일을 제지하려는 어떤 심사역의 뻔뻔스러움 때문에 거의 광란 상태에 빠진 적이 있었다. 네가 그때의 나 같은 반응을 보일까 걱정스럽구나.

나는 네가 그 제안서를 가지고 은행으로 용감무쌍하게 향한 사실이 그리 놀랍지 않다. 은행 측에서 어떤 식으로 경쟁심을 부추기는지 직접 부딪쳐보는 것도 좋은 경험이 되겠지. 그러나 맹목적인 거절이라고 추측하거나 자존심에 상처를 받았다고 생각해서는 안 된다.

자신의 감정에 스스로 지게 되면, 가장 불만족스러운 두 가지 상황에 빠지게 된다. 즉 새로운 회사를 불리한 조건에 매입하게 되고, 10년 동안 동고동락한 은행과 멀어진다. 그렇기 때문에 '침착하게' 약간 뒤로 물러서서 보고서를 찬찬히 재평가해보자는 것이다.

특정 회사를 매입하려는 너의 생각에는 분명 장점이 있겠지만 매입에 관련된 평가는 반드시 냉정한 논리, 즉 전에 언급했던 다양한 범위의 신중하고 현실적인 평가를 바탕으로 처리되어야 하며, 그 회사와 우리의 현재 경영 상태의 조건이 맞아야 한다.

사업을 확장하는 일에는 큰 위험이 따른다. 많은 사람들이 비즈니스의 영역을 확대하려다가 모든 것을 잃는 불행을 경험했고, 자존심이나 탐욕 등의 감정을 조절하지 못해 사람들 사이에서 자기 이름이 잊혀져가는 것을 지켜봐야 했던 사람들도 있었다. 이 모든 것은 이성적인 판단을 무시한 결과이다. 충동적으로 훌륭한 직원을 해고하거나 가치 있는 공급자에게 소리를 지르는 행위, 부당한 인사이동, 새로운 벤처 회사에 대한 부적절한 투자나 다루기 힘든 고객을 피하는 행위 등은 감정에 의해 저질러질 수 있는, 성공적인 비즈니스를 위해서는 반드시 버려야 할 잘못된 행동들이다.

90퍼센트의 감정과 10퍼센트의 냉혹한 비즈니스 논리를 바탕으로 모든 비즈니스 활동을 해나간다면 가장 성공한 비즈니스맨으로 손꼽힐 수 있을 게다.

비즈니스상의 결정에서 감정을 배제하기란 극히 어렵지만 어떤 결정을 위해 심사숙고하는 동안에는 반드시 감정을 접어두어야 한다. 결정에 박차를 가하는 순간에는 특히 그렇디. 신속하게 처리해야 하지만, 마음만 급하고 머리가 그 속도를 따라가지 못하면 결정을 내리는 데 문제가 생긴다. 어떤 결정을 내리기 전에 자문하는 시간을 갖도록 해라. 이러한 비즈니스를 추진해도 괜찮을 것인가? 그저 나의 감정적인 만족을 위해서 추진하는 것은 아닐까? 스스로에게 이런 질문을 더 이상하지 않아도 되는 단계에 이르렀을 때쯤이면 아마도 너는 노련한 경영자가 되어 있을 것이다.

경험에 의하면, 비즈니스 세계에서는 세상을 뒤흔들 사건이 끊임없이 터진다. 그렇기 때문에 어떤 결정을 내려야 하는 동안에는 너의 온 영혼이 하늘을 날아오르는 듯한 때도 있을 것이고, 또 반대로 지옥의 나락으로 떨어지는 듯한 때도 있을 것이다. 감정 기복의 고삐를 단단히 잡고 있으면, 성공의 가도를 달릴 수 있게 된단다.

이제 처음부터 다시 시작해보렴. 핵심과 실제적인 관점으로 이번 매입 건을 다시 조사해보기 바란다. 그러면 혹시 아니? 다시 한 번 은행의 문을 두드리고 싶어질 만큼 자신이 생길지도. 충분한 노력을 기울인다면 은행 측에서 흔쾌히 수락할 수도 있을 게다. 그러면 그날만큼은 마음껏 행복이라는 감정에 젖을 수 있을 테지.

— 용감무쌍한 아버지가

# 교섭 기술을 연마하자

새로운 계약을 따낸 아버지에게 딸이 축하를 보내자 아버지는 자신
만의 비즈니스 노하우를 딸에게 살짝 공개한다.

## 사랑스런 딸에게

미국 회사로부터 계약을 따낸 것을 기뻐해주니 고맙구나. 불만족
스러운 면이 없는 것은 아니다만, 자랑을 좀 하자면 전체적으로 교
섭의 기본 기술을 적용한 좋은 사례였단다.

나는 돌아오는 길에 줄곧 사업에서 중재의 이론을 실제로 활용하
는 일이 얼마나 중요한가 생각했다. 항상 그것을 실천하고 있지만,
차분히 그 진정한 가치를 평가하는 일은 거의 없었다. 우리는 고객,
사원, 원료 공급자, 은행 심사역, 부동산업자뿐만 아니라 스스로 깨
닫지 못하고 있더라도 자신과 교섭을 한다. 이를 위해서는 비즈니스

적 경험이 가장 중요하고, 그 다음으로는 효과적으로 대화를 나눌 수 있는 능력이 무엇보다 필요하다.

내 생각을 간단하게 정리하면, 비즈니스 교섭에서 가장 중요한 것은 '유연성'과 '감정 조절'이다.

유연성이 결여된 사람은 취급하는 상품의 독점권을 손에 넣는 게 좋을 것이다. 세상 사람들은 그런 사람과의 언쟁을 구토할 정도로 싫어하며, 다른 길이 있다면 상대하려 들지 않기 때문이다. 유연성이란 교섭 상대의 욕구가 얼마나 강한지 간파하여 바람직한 결과를 얻기 위해 필요한 만큼 상대의 의향에 따르는 능력이다. 그것은 폭풍우 속의 나무에 비유된다. 휘어져도 꺾이지 않고, 폭풍우가 지나간 다음날에도 아무 일도 없었던 듯 우뚝 솟아 있는 나무 말이다.

두 번째는 감정 조절이다. 감정은 자기 자신의 감정이든 상대의 감정이든, 종종 유연성보다도 훨씬 다스리기 어렵단다. 감정 탓으로 계약을 놓칠 때마다 10센트씩 저축한다면 큰 부자가 될 것이다. 인간은 아주 어처구니없는 것에 집착하곤 한다. 대개는 단순히 남의 말대로 하지 않겠다는 고집 때문이다. 그 증거가 필요하면 민사소송을 다루는 법원이나 변호사의 바쁜 모습을 보는 것이 좋다. 재판은 몇 개월씩 밀려 있고, 법정은 분쟁을 합의로 해결하지 못한 사람들로 가득 차 있다. 어느 한 쪽이 고조된 감정을 제어하지 못해서, 혹은 상대의 입장을 객관적으로 평가하지 못해서 생긴 일들 때문이다. 그래서 그들은 '공평한 판사의 냉정하고 중립적인 재판'을 받기 위해 고액의 비용을 부담하는 것이다.

멋진 교섭 기술을 발휘하기 위해서는 다음의 세 가지 기본 원칙을 지켜야 한다.

첫째, 실태 조사를 할 것. 상대방의 입장에 대해 가능한 많은 정보를 수집하여 자기가 가지고 있는 데이터와 비교해라. 많은 교섭이 사실의 뒷받침이 부족해 처음부터 실패하고 만다. 19세기의 영국 재상 벤자민 디즈레일리의 말을 빌자면, "무지는 의문을 해결하지 못한다." 숙제를 끝내라. 그것이 궁극적으로 승패를 가를 것이다.

둘째, 수집한 정보를 분석하여 각각의 중요성을 평가하고, 두 가지 방법으로 1에서 10까지 점수를 준다. 우선 자신의 입장에서 평가하고, 다음에는 각각의 사실을 상대방의 입장에서 평가한다. 상대방의 논지에서 충분히 연구하면 상대방의 입장에서 중요한 순서대로 나열하여 그래프를 그릴 수도 있다. 예컨대 납기는 2점도 될 수 있고 8점도 될 수 있으며, 가격 경쟁력이나 품질의 정도, 그 밖의 요인에 따라 그래프 위에서 광범위하게 변동할 것이다.

셋째, 종이를 반으로 나누어 한 쪽에는 이 그래프의 변경 가능한 점수 항목을, 다른 한쪽에는 절대로 움직일 수 없는 점수 항목을 열거하여 일람표를 만든다. 점수가 고정된 항목은 되도록 적게 해라. 이것이 많아지면 융통성을 발휘할 수 없게 되기 때문이다.

이것으로 교섭을 성공시키기 위한 준비는 갖춰졌다. 어떤 문제점을 원만히 해결하기 위해서, 혹은 심사숙고 끝에 정보를 제공하기 위해서는 몇 차례 만남을 가져야 할지도 모른다.

이렇게 세심하게 준비한다면 열 번 중 아홉 번은 전면적인 성공을 거둘 것이다. 결과가 바람직하지 않을 때 양측 회의용 테이블에서 새어나오는 투덜거림은 독일시인 하이네가 먼 옛날에 읊었던 감동과 비슷할 것이다.

"그는 거의 돌아버렸지만 가끔은 바보스러울 뿐인 정상상태로 돌아간다." 막다른 길에 다다르면 감정주의가 주인공이 되려 하겠지만, 너의 감정은 계속 옆구리 언저리에 눌러두도록 해라.

교섭을 성공시키기 위한 또 한 가지 조건은 마음이 맞지 않는 두 사람에게 문제 해결을 맡겨서는 안 된다는 것이다. 그렇게 하면 처음부터 실패를 각오해야 한다. 나는 지금까지 몇 차례나 어떤 특정 인물을 회합에 참가시키지 말아달라고 상대편에게 부탁한 일이 있다. 완곡한 표현을 사용하자면, 마음이 안 맞았기 때문이다. 호감을 가질 수 있다면 서로 상대방의 입장과 의견을 존중한다. 비즈니스의 장에 감정주의가 나서는 것을 막고, 감정주의를 회의실에서 몰아내는 비결이 바로 이것이란다.

요구한 조건이 모두 충족되는 경우는 매우 드물다. 따라서 결전의 날에는 유연성이라는 전투복을 착용하도록 해라. 그리고 특히 혹독한 줄다리기 싸움에 말려들었을 때에는 17세기 프랑스 저술가 프랑수아 라 로슈푸코의 말을 상기하면 좋을 것이다.

"잘못이 한 쪽에만 있으면 싸움은 길게 가지 않는다(내가 네 엄마에게 그렇게 말하면, 엄마는 잘못은 어떤 관점에서 보는가에 따라 달라진다고 되받아친다)."

'시간'도 도움을 준다. 며칠, 몇 주일, 혹은 몇 개월이 지난 후에 화해나 협의를 시도하는 데에는 그럴 만한 이유가 있다.

모래 먼지가 가라앉고 모두의 눈에 당면한 문제가 명확하게 보이게 되고, 경우에 따라서는 처음의 생각이나 착각을 재평가할 수도 있기 때문이다. 시간을 두면 감정도 진정되는 법이란다. 문제가 발생했을 경우, 나는 불쾌한 심정을 억누르고 문제에 대해 이리저리 고민하곤 한단다. 경험이 풍부한 비즈니스맨은 그렇게 한다는 것을 알고 있기 때문이다. 그러면서 전화를 걸어 점심식사에 초대하거나 관계 회복을 시도할 수 있는 마음의 여유를 유지하려고 노력한단다.

분쟁을 해결하기 위한 또 하나의 방법은 쌍방에서 선택한 제3자를 사이에 세우는 일이다. 때로는 제3자가 새로운 시야를 열어주어 생각지도 못한 곳에서 활로가 트이기도 하기 때문이다. 이러한 작전이 효과를 발휘하기 위해서는 이 제3자가 쌍방에게 전면적으로 존경받고 신뢰받아야 하며, 당면한 사정에 밝아야 함은 말할 필요도 없겠지. 이 테마를 다룬 우수한 논문으로 에드워드 보노의 「분쟁 (Conflicts)」(1985)이 있다. 이 논문은 네 교섭 기술을 눈에 띄게 향상시켜줄 것이다. 여기에는 저절로 마음의 장벽이 쌓이는 이유와 그 장벽을 무너뜨리는 방법들이 상세하게 설명되어 있기 때문이다.

또 한 가지 유의할 점이 있다. 상황에 따라서는 어쩔 수 없이 불공평한 조건을 수락해야만 할 경우도 있단다. 벼랑 끝에 몰려, 다만 문제에 종지부를 찍기 위해 상대의 부당한 논리를 받아들이게 될지도 모른다. 그럴 때에 너는 당연히 졌다고 생각할 테지(사실 진 것인지도 모른다). 그러나 내 경험으로 보자면 무리한 요구를 관철시킨 상대는 다음 거래에서 꼭 보상을 해주더구나. 기묘하게도 아무리 완고한 사람이라도 뛰어난 비즈니스맨에게는 대체로 양심이 있다.

여기서 충고 한마디 해두마. 교섭 중에 아무리 극단적인 견해의 차이를 보이더라도, 문제 해결을 법률가의 손에 맡기는 일은 가능한 한 피하도록 해라. 정보 수집 단계에서는 얼마든지 법률적인 조언을 받을 수 있다. 그러나 재판에서 분쟁을 해결하는 일은 최후의 수단이어야 한다. 즉, 온갖 해결책을 다 동원하여 최대한 노력한 후여야 한다. 그렇게 참아내기는 상당히 어렵다. 속았다고 느끼면 충동적으로 '법대로 하자'는 생각이 들게 마련이니까.

예전에 어떤 사람이 당연히 지불해야 할 1만5천 달러를 지불하지 않았을 때, 고소를 한 적이 있단다. 재판 비용이 8천 달러나 들었지만, 그럼에도 밀어붙였지. 그러나 결국 한 푼도 받을 수 없었다. 고집을 부린 대가로, 애초에 포기했다면 1만5천 달러에 그쳤을 손실이 2만3천 달러가 되어버리고 말았다.

왜일까? 애초에 공부하는 수고를 아꼈기 때문이다(거듭 말하지만 비즈니스의 제1원칙이다). 공부를 제대로 해두었다면 상대방이 도산 직전이었으며 이미 지불 능력을 상실한 상태라는 것을 처음부터 알았겠지. 그 일은 감정에 휘말려 저지른 어리석은 일이었다.

지금 되돌아보면, 나는 변호사를 고용하여 이 사람을 쫓아다니는 동안 본래의 업무까지 내팽개쳐두어 그 이상의 큰 실수를 했다. 이익을 낼 수 있는 사업에 힘을 쏟지 않고, 이길 수 없는 싸움에 기를 쓰고 달려들어 얼마나 큰 손해를 보았는지 아무도 모른다. 부끄러운 이야기지만, 나는 승리의 가면을 쓴 복수를 바랐던 것이다. 너도 같은 충동에 빠져들 경우가 생긴다면 이 편지를 다시 읽어보기 바란다. 그렇게 하면 너의 정신적인 피로와 회사의 비용 손실을 막을 수 있을 테니까.

　　　　　　　　　　　　　　　　　　　　　　　　　－ 한발 양보하는 워드가

# 부모가 되는 일, 딸의 첫아이 출산

아버지는 인생의 선배로서 부모의 역할이 얼마나 중요한지, 어떻게
아이를 대해야 하는지에 대해 조언하고 딸의 출산을 진심으로 축하
한다.

## 젊은 엄마에게

어제 네 아기를 보고 나는 무한한 기쁨을 누렸단다. 네 옆에 서서
튼튼한 갓난아기를 보고 있자니, 내 첫아이였던 너를 처음 만났을
때가 떠오르더구나. 그리고 너 또한 무엇과 비교할 수 없을 정도로
장엄하고 감미로운 행복감에 빠져 있는 지금, 나는 얼마나 행복한지
모르겠다.

처음 몇 개월 동안, 신경이 날카로워져 능력의 한계를 시험받는다
는 생각이 들지도 모른다. 너의 새로운 '희망'인 아기는 보통 네가 자

는 시간에 잠들어주지 않는단다. 배가 고프면 울어대고, 믿을 수 없을 정도로 자주 기저귀를 갈아주어야 하지. 그러나 너는 아기의 그런 요구를 견딜 수 있을 거라고 생각한다. 하느님은 그런 때를 위하여 부모에게 넘치는 인내력을 주셨단다. 그리고 어느 날 정신을 차리고 보면 이 사랑스런 아기는 너희 부부의 따뜻하고 변함없는 사랑과 보살핌에 싸여 어느새 의젓한 한 사람의 성인으로 성장해 있을 것이다.

너의 아기는 성인으로 성장하고서도 부모에게 깊은 사랑을 받을 것이고 그 자신도 사랑받고 있다고 느낄 테지만, 생후 수년간처럼 너의 애정을 필요로 하지는 않는단다. 그래서 많은 심리학자들은 부모가 아이에게 미치는 영향력이 이 기간에 최고조에 이른다고 말한다. 아기는 당연히 아무 힘이 없기 때문에 누군가를 의지하며 안정을 얻을 수 밖에 없지. 따라서 마음을 말로 표현하고 자주 안아주고, 그리고 참을성 있게 애정을 담아 욕구를 채워줌으로써 안도감을 주어야 한단다. 이것은 부모인 너에게 달려 있다. 부모 자식의 마음이 이 시기 이상으로 긴밀히 소통하는 기간은 없다. 그리고 그 긴밀함이 이 시기이상으로 중요한 때도 없을 것이라고 생각한다. 이 시기가 아이의 성격과 행복감, 그리고 인생관 전반을 형성하는 데 큰 영향을 끼친단다.

너의 성공은 처음 6년간에 달려 있다. 이 기간에 평생 동안 이어지는 부모 자식 간의 유대가 형성되기 때문이란다. 네 기준으로 봤을 때는 얼마 안 되는 세월이지만, 네 딸에게는 모든 것을 타인에게 의지할 수 밖에 없는 가장 위험한 기간이다. 정서가 불안정한 사람들은 대개 부모의 사랑이 부족하거나 결여된 지옥에서, 극단적인 경우에는 부모로부터 신체적 학대까지 받아가면서 이 기간을 보낸 희생자들이란다.

자식 때문에 괴로워해야 할 날도 틀림없이 있겠지만, 대부분은 지금보다 즐거운 날들일 것이다. 기쁨을 느낄 수많은 날들이 네 앞에 있단다. 아이의 얼굴에 처음으로 미소가 보였을 때('트림' 탓에 웃은 것처럼 보였을 뿐이라고들 해도 너는 결코 납득하지 않을 것이다), 처음으로 이가 났을 때, 위태위태하게 그러나 대담하게 걸음마를 시작했을 때, 신발 끈을 처음으로 혼자서 묶었을 때 같은 성장 단계를 지켜보며 즐거움과 신비감을 맛보는 것 뿐만 아니라 양육을 위해 고심하고 노력하는 것도 부모의 역할이란다.

부모는 양육 기간 중에 예절을 가르쳐야만 한다. 현명한 부모는 자식에게 건전한 가치관과 도덕, 그리고 자제심을 참을성 있게 가르치는 부모란다. 예절 교육은 빠르면 빠를수록 좋다. 사실 많은 부모는 예절 교육을 게을리 하는 실수를 범한다. 그러면 대개 부모와 자식 모두가 그 대가를 치르게 된다.

"가지는 휘어지지만 나무는 기운다."는 영국 시인 알렉산더 포프의 말에 공감이 간다.

아이는 성장함에 따라 너의 행동과 말투, 그리고 감정의 기복까지 흉내 내려 한단다. 너는 아이의 표본이 되며, 아이에게는 한동안 전지전능한 슈퍼맨으로 보일 것이다. 아이의 마음에 부모가 차지하는 지위는 아찔할 정도로 높아서 두려울 정도의 책임을 느끼게 만들지. 부모가 거짓말을 하면 아이도 따라한다. 부모가 남을 속이면 아이도 속이는 방법을 배우게 된다. 부모가 증오심을 품으면 아이도 증오의 감정을 알게 된다. 아이의 마음은 스펀지처럼 주변의 것을 그대로 흡수해서. 결국 부모의 언행을 그대로 답습하지.

너는 인생의 여러 사건들을 겪으면서 훌륭한 인격을 갈고 닦았다. 친절, 정직, 공정, 자제심, 노동의 정신, 유머와 센스 등 많은 훌륭한 자질들을 갖추고 있다-너도 곧 그렇게 되겠지만, 자식 자랑이라는 건 해도해도 끝이 나지 않는다. 그러나 내가 결론적으로 말하고 싶은 것은 다음과 같은 점들이다.

네 아이가 지니고 있는 너와 꼭 닮은 그 멋진 자질을 너 이상으로 고무하고 자극하여 키워줄 사람이 누가 있겠니? 그 누구도 부모보다 나을 수는 없다. 그리고 어느 정도 성장한 다음에도 섹스나 도덕, 자존심, 혹은 술과 마약의 피해 등 중요한 문제에 관한 교육은 너 자신이나 너희 부부가 맡아야 한다. 절대로 남에게 맡기는 일이 없도록 해라.

부모는 스스로 인생의 방향을 잡고 파도를 헤쳐나아가려는 자식을 위해 무엇을 해야 할까? 우선 무엇이 문제이고, 그 결과 어떤 영향이 어떻게 미칠 것인지를 정성껏 설명해주어라.

다음으로 아이가 너에 대한 존경과 애정을 유지할 수 있도록 해라. 그 마음이 강하면 강할수록 아이는 너에게 큰 실망과 불명예, 그리고 오명을 초래할 어떤 행동도 하지 않으려 할 것이며 상처를 주지 않으려고 노력할 것이다. 이러한 사랑의 유대는 태내에서 싹트지만, 네가 아이의 행동 즉 학습, 과외 활동, 여름 캠프, 취미, 여행, 기타 무엇이든지 아이가 너에게 이야기해주는 것에 항상 관심을 나타내고 아이에게 힘을 준다면 점점 더 강해질 것이다.

그리고 항상 아이의 인격을 존중해라. 아이가 이해할 수 있는 나이가 되면 곧바로 상식과 자존심, 그리고 책임감 등의 문제에 대해 대화를 나누도록 해라. 이러한 대화는 부모와 자식 간의 애정과 이해를 깊게 한단다. 그러나 네가 갖고 있는 많은 미덕 중에서 아이들이 너에 대해 변함없는 애정을 갖도록 하는 가장 확실한 방법은 바로 관대함이란다.

아이가 문제를 일으켰을 때 부모는 보통 단계를 밟으며 반응한다. 우선 화를 내고, 감정을 폭발 시킨 다음 그것을 부끄러워하고, '무엇이 잘못된 것일까' 하고 비탄하며, 마지막으로 마음을 다잡고 '잃은 것을 회복하고 다시 의사소통을 하려면 어떻게 해야 할까' 하고 생각한다. 이래서는 안 된다. 왜냐하면 인품을 갖춘 어른이기 때문이다. 보통 부모는 아이의 안전과 행복을 염려한 나머지 앞뒤 생각 없이 분노의 방아쇠를 당겨버리지만, 최선의 결과를 원한다면 감정, 언어, 그리고 불안을 억누르고 이성적으로 침착하게 일을 처리해야 한다. 아이는 자신이 잘못했다는 사실을 알고 있다. 네가 그것을 시끄럽게 되풀이해서 알려줄 필요는 없다. 강조해야 할 점은 양식에 반하는 행위로 인해 가족과 친구의 신뢰, 그리고 무엇보다 자존심을 잃게 되었다는 것이다. 그런 다음에 앞으로 같은 잘못을 저지르지 않으려면 어떻게 해야 하는지, 아이가 스스로 그 방법을 생각해내도록 도와주자.

때로는 바람직한 결과를 얻기 위한 수단으로 뇌물을 줄 수도 있다. 그렇다. 뇌물이다. 고백하자면 나도 너와 네 동생에게 몇 번인가 이런 방법을 사용했다. 그것은 좋은 일을 하면 반드시 훌륭한 보상이 따른다고 시사하는 방법 중 하나였다(그렇게 해서라도 너와 네 동생이 어려운 목표를 달성하면 '코끝에 매단 당근의 도움을 빌린 것이라 해도' 그것은 가족 모두에게 큰 기쁨이었다). 하지만 이 방법을 이용하려면 가끔씩 재미로,

혹은 도전으로, 매우 조심스럽게 신중히 사용해라. 결코 보수를 당연히 기대하게 만들어서는 안 된다.

문제가 심각할 때는 전문가의 도움을 구할 필요도 있다. 그러나 아이가 아무리 큰 잘못을 범했다 하더라도 항상 아이의 버팀목이 되어주어라. 문제가 심각하면 심각할수록 친구가 적어지므로, 부모의 흔들림 없는 지원이 그만큼 더 필요해진다.

방을 어지르고, 젖은 수건을 목욕탕 바닥에 팽개쳐두고, 치약 튜브의 뚜껑을 열어놓고, 부엌 바닥에 흙투성이 신발 자국을 남겨놓은 것에 대해서는 너의 어린 시절을 생각하고 너무 큰 소리로 끈질기게 아이를 야단치지 말아라. 이러한 행동을 전혀 하지 않는 아이를 나는 본 적이 없단다. 이런 것들은 사소한 문제로, 정색하고 꾸중할 것까지도 없다. 언젠가 말했듯이, 때로는 매우 어려울지도 모르지만 아이들과 의견이 다를 때에는 온화하게 대화로 풀도록 노력해라. 이성적으로 이야기하면 통하지만, 큰 소리를 내면 상대방은 귀를 막아 버린단다.

부모로서 아이를 기르는 기쁨은 이루 헤아릴 수 없이 많단다. 너와 네 동생의 부모로서 엄마와 함께 나눈 즐거운 추억을 글로 다한다면 노트 몇 권으로도 부족할 것이다. 너는 두 살 생일날 초콜릿 케이크를 얼굴에 덮어쓴 적이 있었단다. 그리고 네가 장난감 오븐으로 구워 주는 작은 케이크를 네 동생은 제일 좋아했지. 너는 엄마 화장품을 몰래 바른 일도 있었고, 엄마의 하이힐을 신기도 했다. 네 동생 학교의 퍼레이드, 너희 학교의 부녀 댄스파티도 즐거웠다. 그리고 너는 버뮤다에서 처음으로 '진짜 데이트'를 했고, 엄마와 나는 갑자기 '성숙하고 예뻐진' 너를 보고 놀랐단다.

우리가 너와 네 동생이 행복하게 성장한 모습을 보면서 이렇게 멋진 추억을 더듬는 것은 매우 기쁜 일이다. 엄마와 내가 오래 산다면, 언젠가 우리 넷 모두가 백발을 하고 같은 감동에 젖어 고개를 끄덕일지도 모르겠구나.

이 애가 그 옛날 안아주던 조그만 여자아이란 말인가?
이 애가 그 옛날 놀아주던 조그만 남자아이란 말인가?
자신이 늙어가는 것도 느끼지 못했는데, 둘은 어느새 성장한 것일까?
그 여자아이가 언제 이렇게 아름다워졌을까?
그 남자아이가 언제 이렇게 늠름해졌을까?
두 아이의 어린 시절이 바로 어제와 같이 느껴진다.

 — 선라잇 선셋, 「지붕 위의 바이올린」 중


 — 할아버지가 된 자랑스러움으로 가득한 아버지가

# 부하 직원에게
# 일을 맡길 수 있는가

딸은 상급 관리직이 되자 넘치는 업무로 매일 밤늦은 시간까지 일에 열중한다. 아버지는 그런 딸에게 여러 회사를 경영하면서도 2개월이나 휴가를 쓸 수 있도록 시간을 배려하는 자신의 지혜를 빌려준다.

## 잠 못 이루는 딸에게

너는 거의 한 달 동안 우리 회사가 제공하는 고객 서비스에 대한 분석과 개선을 위한 조사 보고서를 준비하느라 매일 밤늦은 시간까지 일하더구나. 이것은 회사의 생존을 건 의사결정의 기초가 되는 매우 중요한 조사이다. 이렇게 중대한 조사보고서의 준비는 5단계로 진행하라고 조언하고 싶다. 그 내용은 다음과 같다.

1. 보고서를 작성하는 목적 설정
2. 목적의 결론을 끌어내기 위한 정보 결정

3. 필요한 정보의 실제 수집

4. 정확한 분석이 가능하도록 처리된 데이터 정리

5. 목적한 결론을 명확하게 이끌어내는 최종적인 분석


"그 정도는 이미 알고 있습니다."라고 하는 네 목소리가 들리는 듯하다. 나도 네가 분명히 알고 있을 거라고 생각한다.

그러나 유익한 보고서를 작성하기 위해서는 이 5단계의 준비 작업이 중요하다고 여기서 굳이 되풀이하는 데는 나름대로 이유가 있단다. 그것이 유능한 관리직 육성에 중요한 역할을 한다는 점을 강조하고 싶기 때문이란다. 그리고 그런 의미에서 네가 이 일을 혼자서 처리하고 있는 게 다소 불안하다. 내가 이런 얘기를 했더니 너는 혼자서 하는 편이 세 배는 빠르다고 대답했지. 정말 그럴지도 모른다. 그러나 그런 사고방식의 결점은, 번거롭더라도 어느 시점에서 부하 직원 누군가에게 그 일을 가르쳐주지 않으면 10년 후에도 네가 같은 일을 계속 해야 한다는 것이다. 또한 이러한 일을 단기간에 마무리해야 하는데, 네가 병이 들거나 혹은 다른 급한 용무가 생겨 일을 할 수 없다면 너와 회사는 틀림없이 궁지에 빠질 것이다. 이 편지의 진짜 테마인 직권의 위임에 관해 이야기하는 것은 바로 그 이유 때문이란다.

나는 지금까지 수도 없이 질문을 받았다. "대체 어떻게 하면 여러 회사를 경영하면서도 2개월이나 휴가를 쓰고, 자가용 비행기를 조종하면서 자연의 기쁨을 누릴 수 있습니까?"

나의 대답은 언제나 한결같다. "매우 유능한 관리직에게 일상의 업무를 맡기고 있기 때문입니다."

단순한 답이라고 너는 말할지 모른다. 확실히 단순한 대답이지만 경영자가 자신의 일을 맡기기 위해서 부하 직원을 훈련시켜 그 능력을 키워주는 경우는 놀랄 만큼 드물단다. 왜 사람들이 부하 직원에게 일을 맡기려 하지 않는지 나는 의문이다. 신뢰하지 못하기 때문일까, 아니면 부하 직원이 자기보다 일을 잘할까 봐 두려운 걸까? '나보다 잘 처리할 것 같아서' 어떤 일을 누군가에게 맡기는 용기 있는 사람은 거의 드물다.

그러므로 내가 그런 말을 하는 것을 들었다면 그 직원은 자신이 얼마나 높이 평가받는지 알아주었으면 좋겠다. 만일 누군가 나에게 "당신이 나보다 잘할 것 같아서"라고 한다면 나 또한 감격할 것이다.

회사의 자산 가치를 높이기 위해서는 의욕적이고 유능한 사원에게 처리할 수 있을 만큼의 일, 그 다음에는 그 양을 조금 늘려서 일을 맡겨야 한다. 사원 한 사람 한 사람의 일 처리 능력이 커짐에 따라 사업도 발전하기 때문이다. 사원의 성장을 돕지 않는 것은 회사의 성장을 저지하는 것이다.

호메로스는 기원전 700년경, 직권의 위임에 대해 다음과 같이 말했다.

"모든 일을 지휘할 수는 없다. 제우스는 어떤 이에게는 전투력을, 어떤 이에게는 악기 다루는 능력을, 그리고 어떤 이에게는 널리 울려 퍼지는 음성으로 선량한 마음을 불어넣었기 때문이다."

사람에게는 각자 장기가 있다는 뜻이다. 현명한 직권 위임의 제1원칙은 부하 직원의 능력과 야망, 그리고 욕구를 세심하게 평가하는 일이다. 대부분의 사람들은 기회가 주어지면 훌륭한 업적을 이루어 너를 놀라게 할 것이다. 그리고 새로운 임무를 부여받은 날에는 분명히 그 발걸음부터 자신감에 차 있겠지. 비즈니스의 세계에서 가장 큰 기쁨은 승진을 하고 못하고가 아니라, 스스로의 능력을 시험하고 의욕을 쏟을 수 있는 임무를 맡는 것이란다. 그 새로운 임무를 부하 직원에게 부여하고, 부하 직원이 그것을 훌륭히 수행해낼 때 너는 또 다른 기쁨을 느낄 것이다.

제2원칙으로 가자. 부하 직원에게 보다 중요한 일을 맡긴다면, 너는 아마 필연적으로 생각지도 못했던 일을 하게 될 것이다. 그것은 가르치는 일이다. 왕성하고 유능한 관리직이 충실하고 믿음직스런 부하 직원과 일체가 되기 위해서는 우선 가르쳐야 한다. 비즈니스 세계에서 큰 성공을 거둔 사람은 대부분 지극히 우수한 교사이다. 우수한 교사는 효과적인 방식으로 가르치고, 그것을 소화할 시간을 주고, 지원하고, 격려하면서 제자의 잠재적인 능력을 최대한으로 끌어낸다.

사람을 선택하고 훈련 계획을 잘 마무리 짓고 나면, 네 업무 가운데 일부는 새로운 사람들이 하게 된다. 궁극적인 성공을 얻기 위해서는 새롭게 할당된 임무 전체의 관리 시스템을 개발해야 한다. 그것은 네가 항상 최신의 정보에 정통한 것처럼, 그리고 문제를 신속하게 감지하는 것처럼, 혹은 실수를 바로잡는 것처럼, 너와 네 부하 직원 사이의 커뮤니케이션 방법을 확립한다는 의미이다. 무엇보다도 너의 연수생들은 새로운 임무를 처리할 수 있고, 실제로 처리해줄 것이라는 확신을 가져라. 너의 새로운 임무는 그들을 지원하고 곤란을 이겨내도록 돕는 일이다.

이 시기에 도달하면 너는 진정으로 할 일을 하면서 급료를 받게 된다. 너의 참모습은 직원들을 조직화하고 지도하며 육성하고 고무

함으로써, 판매와 마케팅 담당자가 개척하도록 새로운 미래를 전망하는 것이다. 매일 똑같은 일을 하거나 그것을 감독하는 것이 너의 일의 전부가 아니다. 우수한 지도자는 하루 전체를 잡무에 소비하지 않는 법이다.

부하 직원에게 일을 맡기지 못하거나 맡기려고 하지 않는 관리직은 실제로 자기 자신이 관리직으로서의 책임을 완수할 능력이 없다고 불안을 느끼고 있는 게 틀림없다. 우리 회사에는 그런 관리직이 필요 없다. 이러한 관리직이 부하 직원을 키우는 데 실패할 때마다 사업의 기초는 잠식당해갈 것이다. 목재가 좀먹는 것을 빨리 깨닫지 못하면 금세 멀쩡한 건물이 토대부터 무너져 내리는 원리와 같다. 우리 회사에 그러한 해충을 방치할 수는 없지 않니.

네가 부하 직원에게 능력을 시험할 기회를 주면 일반인들이 잘 이해하지 못하는 효과적인 지도의 기본을 실천하게 될 것이다. 내가 비즈니스에서 남몰래 간직하고 있는 소망은 빛을 발하지 못하는 사람의 숨겨진 재능을 가능한 한 많이 발견해내는 일이란다. 승진의 기회를 기다리고 있고, 우리와 동료가 된 이상 전력을 다하여 염원을 이루려고 하는 사람의 잠재력과 재능을 이끌어내야 한다. 전에도 말했지만 여기서 다시 한 번 반복해야겠다. 사업은 인력에 맞추어 구축해나가도록 해라. 사업에 사람을 맞출 수는 없다. 로마 시인 베르길리우스가 기원전 50년에 말한 것처럼 "우리 모두는 만능이 아니기 때문이다."

다음번에 중요한 보고서를 작성할 때에는 혹시 모르니 다시 한 번 5단계의 순서를 확인하고, 네가 혼자서 해야 할 작업과 부하 직원에게 맡겨야 할 작업을 파악하고 나서 시작하도록 해라. 목적을 설정하고 그것을 명확히 해두는 단계에서는 당연히 네가 중요한 역할을 해야 한다. 그러나 어떤 정보를 입수할 것인지를 생각하는 단계에서는 네 주위에 있는 우수한 두뇌에게도 기회를 주자꾸나. 실제로 정보를 수집하는 데는 많은 시간이 걸리므로 이 작업은 다른 사람에게 맡기도록 해라. 데이터를 처리하고 분석할 때에는 너의 철저한 감독과 세심한 주의가 필요하단다. 그러나 여기서도 역시 부하 직원의 협력과 그들 나름의 정보에 대한 평가가 큰 도움을 줄 것이며, 결과적으로 최종적인 의사결정의 질을 높여줄 것이다.

다른 사람의 지혜를 빌리지 않았기 때문에 애써 만든 보고서가 회사의 이익으로 이어지지 않는 경우도 많단다. 정보를 해석할 때에는 누구의 지혜든지 가능한 많이 빌리도록 해라.

그렇게 하면 네 부담이 그만큼 가벼워질 테니까. 그러나 무엇보다 중요한 것은 너의 보고서 작성에 부하 직원을 참가시킴으로써 그들을 한층 소중한 사원으로 키울 수 있다는 것이다. 내가 그 점에 대해서 어떻게 생각하는지는 네가 알고 있는 그대로이다.

다른 사람이 할 수 있는 일, 그리고 다른 사람을 훈련시켜 너를 돕게 만들어야 할 일을 더 이상 혼자서 밤을 새워 가며 하지 말기 바란다. 네가 부하 직원과 함께 일을 처리해나가면 너의 부서가 일하는 데 추진력이 붙고 사기도 오를 것이며, 너는 상사의 눈에 믿음직스럽게 보일 것이다. 그리고 네가 집에 돌아왔을 때 아이들이 벌써 자고 있는 일도 없어질 것이다.

사업을, 혹은 회사 조직의 한 부문을 구축하는 일은 피라미드를 쌓아가는 것과 같단다. 너는 정점에 올려진 돌이다. 너의 밑에 몇 층의 견고한 버팀목이 쌓이는가 하는 것은 부하 직원을 선택하여 훈련하고, 신뢰하고, 감독하고, 승진시키는 너의 능력에 달려 있다. 많은 관리직이 그것을 이해하지 못하여 부하 직원을 승진시키면 자신의 지위가 위험해질 것이라고 두려워하는데, 실로 유감스러운 일이다 (그런 상태로 나아가다가는 정말 머지않아 자신의 위치가 흔들릴 것이다).

너는 어떨지 모르겠지만, 나는 내 피라미드의 기초가 확고하다는 것을 알고 있기 때문에 밤에도 안심하고 잘 수 있단다. 그 피라미드의 든든한 기초 중 하나는 물론 너란다.

기원전 2600년경 이집트의 스네프루 왕은 처음으로 진짜 피라미드를 쌓았다. 그러나 그의 이상을 이어받아 진정한 피라미드, 기자의 대피라미드를 구축한 것은 그 아들 쿠푸 왕이었단다.

이제 너의 피라미드를 쌓아가도록 해라. 그리고 쿠푸 왕처럼 그것을 이상적인 피라미드로 구축하기 바란다.


- 스네프루가

# 리더의 역할은 따로 있다

딸은 오랜 노력과 인내를 거듭한 결과 판매부장의 지위에 오른다. 아버지는 한 부문의 통솔자가 지녀야 할 자질에 대해 설명하고 팀 구성원들의 신뢰를 얻을 수 있도록 노력하라고 조언한다.

## 부장이 된 너에게

드디어 너도 나와 어깨를 나란히 할 수 있게 되었구나. 언젠가 이렇게 되리라는 확신으로 오랜 노력과 산적한 잔업을 해치우며, 인내를 거듭해온 결과라고 생각한다. 그 대가로 너는 판매부장의 지위를 얻게 되었다. 잘 해냈구나! 너는 커다란 목표를 한 가지 달성한 것이다. 지금 네가 느끼는 그 기쁨을 나도 느낄 수가 있구나. 너는 만면에 웃음을 띠고 있겠지. 나도 네가 해낸 일이 너무 기쁘고 자랑스럽다.

107

내가 처음으로 관리직이 된 것이 언제인지 기억이 나지 않는다. 사업을 시작했을 때에는 별로 관리직이라는 기분이 들지 않았단다. 사원이 단 두 명이었는데, 그 중 하나는 나였고, 다른 한 명은 거의 '관리'가 필요 없는 사람이었기 때문이지.

그 후 사원이 늘고 언제였는지 정확히 기억은 나지 않지만, 어느 날 많은 사람들이 나의 지시를 기다리고 내가 지불하는 급여로 생계를 꾸린다는 사실을 알게 되었을 때, 그때를 나는 평생 잊을 수 없단다. 나는 관리직의 책임이 가볍다고 생각하지 않는다. 물론 그것은 당연한 일이고, 그 생각은 앞으로도 계속 내 머릿속에 남아 있을 것이다. 그러나 책임이 무겁다고 해서 관리직의 멋과 스릴이 희석되는 것은 아니란다.

분명히 말하지만 나는 관리직의 역할을 능숙하게 연출해내지 못했단다. 당시에는(너희들에게는 하고 싶은 말을 다 하는 아버지이므로 좀처럼 믿어지지 않을지 모르겠지만) 남에게 명령하는 것에 익숙하지 않아 어색해했지. 게다가 곁에서 조언해주는 사람도 없었기 때문에 나는 모든 것을 독학으로 배워야 했단다. 나 역시 타인을 대하는 방법이 서툴다고 느낀 적이 한두 번이 아니었다. 자신감을 갖고 쉽게 직무를 처리할 수 있게 되기까지는 많은 것을 배우고, 익히며, 경험하지 않으면 안 되었다. 그러나 네 곁에는 내가 있다. 네가 새로운 임무를 진행할 때 내 경험을 통해 얻은 교훈이 조금이나마 도움이 되었으면 한다.

나는 항상 보스라는 단어 자체에 집착을 가져왔다. 이 단어를 사전에서 찾으면 주인, 권한을 가진 자, 감독 등으로 풀이되어 있는데 권한을 가진 자나 감독은 납득이 가지만 주인은 그렇지 않다. '주인과 노예'의 시대가 뒤늦게나마 지나가버린 것은 대단히 고무적인 일이다. 굳이 말할 필요도 없지만 사람의 신분에 상하가 있다는 식으로 행동하는 것은 정당화될 수 없다.

유능한 관리직은 명령을 내리면서 항상 마음속으로 자신에게 묻는다. 내가 명령을 받는 입장이었다면 이럴 경우 상사가 어떤 식으로 말해줬으면 좋겠는가? 상대의 입장이 되어 타인을 대하는 것은 상식이다. 그러나 누군가 말했듯이 '상식'이 그다지 일반적이지 않다는 게 문제란다. 19세기의 미국 철학자 에머슨은 그것을 다음과 같이 설명했다.

"상식과 솔직한 태도만큼 사람을 놀라게 하는 것은 없다."

한 부서의 지휘든 큰 회사의 지휘든, 네가 관리자로서 성공하기 위해 몸에 익히고 실천해야 하는 것이 바로 이 '상식'이란다.

너는 '주인'이라는 어리석고 시대착오적인 자세를 버리고, 자신이 팀의 일원이라고 생각해야 한다. 다음의 비유는 종종 듣는 말이지만, 몇 번이고 반복할 만큼의 가치가 있더구나. 풋볼 팀을 생각해보자. 쿼터백(보스)은 항상 볼을 받아 자신의 재량으로 누구에게 넘길 것인지를 결정한다. 볼을 넘겨받은 선수 역시 자신의 재량으로 그것을 안고 달리지만, 팀의 동료가 적의 방해를 물리쳐주지 않으면 멀리까지 나갈 수가 없다.

한 부문의 통솔자로서 너는 효과적인 협력 체제를 구성하지 않으면 안 된다―전체에서 개개인의 능력을 웃도는 상승효과를 이끌어내는 것이다. 그렇지 않으면 다른 방향으로 나아가는 사람이 나타나서 그만큼 다른 사람의 시간을 빼앗게 되며, 결국 모두가 각자 제멋대로의 방향을 향해 가서 모두의 시간이 낭비되어버린다. 말할 것도 없이 다수의 사람들이 모두 같은 방향으로 향하면 업무의 능률은 오르게 된단다. 그렇게 이끌어가는 것이 네가 할 일이다. 풋볼의 경우와 마찬가지로 팀의 강인함은 가장 약한 부분에서 결정된다는 사실을 잊지 않도록 해라.

그렇게 되면 구성원 사이의 의사소통이 중요해진다. 네가 각각의 구성원에게 일을 맡기는 입장이므로, 당연히 너는 그들의 책임 범위를 알게 된다. 너는 리더로서 팀원의 역할을 파악하고 그들의 일치된 노력이 어떤 경로를 통해 최선의 결과를 가져오는지 충분히 이해하고 있어야 한다. 관리를 필요로 하는 것은 '물건'이다. 부하 직원이 필요로 하는 것은 지도임을 결코 잊지 말거라.

팀의 분위기를 이끌고 올바른 습관과 생산성의 모범을 보여야 하는 것은 리더이다. 이 책임을 가장 효과적으로 완수하기 위해서는 우선 공동 작업을 하는 사람들에게 신뢰받고 존경받아야 한다. 그것은 풍부한 전문 지식의 과시에 의해서가 아니라, 항상 정직하고 공평하며 반드시 약속을 지키는 모습을 보여줌으로써 가능하다. 그리고 구성원들에게 네가 마음으로부터 그들의 이익을 생각하고 있고, 너한테서는 언제나 특별한 지원과 조언을 끌어낼 수 있다는 안도감을 심어주어야 한다. 그리고 무엇보다도 자신의 역할이 인정받고 높이 평가받고 있다고 느끼게 해야 한다. 즉 상대의 입장을 서로 존중하는 것이 중요해진다. 그렇게 되면 같은 명령을 두 번 반복해야 하는 일이 사라질 것이다.

의도적이든 부주의에 의한 것이든, 함께 일하는 사람들의 '숨결'을 결코 흘려버리는 일이 없도록 해라. 사원들 사이에 불안이나 불만이 발생하면 틀림없이 능률이 저하된다. 미리 말해두지만, 위험 신호를 깨닫지 못하고 한발 늦었을 때에는 자기 이외에 비난할 대상은 없다. 개방의 방침을 항상 유지해라. 팀 동료들의 말에 귀를 기울여 그들이 하는 말을 이해해라. 오히려 네가 먼저 그들의 의견을 구해라. 그리고 그 의견을 채택했을 때에는 제안자의 공적을 팀원 전체 회의에서 전면적으로 인정하자. 그렇게 하면 제안자의 사기가 오를 뿐 아니라 다른 구성원도 경쟁적으로 생산성을 높일 방법을 궁리하게 되겠지. 그리고 너는 판매 부문의 실적 향상에 도움이 되는 조언을 무료로 받을 수 있게 된다. 게다가 너 자신의 사기도 오를 것임에 틀림이 없다. 그리고 나의 사기도.

너에게 새롭게 부과될, 별로 내키지 않겠지만 그래도 때로는 해야만 하는 임무 중 하나는 정당한 근거가 있을 경우에 비판을 하는 일이다. 이것을 잘 하기 위해서는 미국의 심리학자 윌리엄 제임스가 남긴 명언을 상기해보면 좋을 것이다.

"현명하기 위한 비결은 필요에 따라 눈을 감는 것이다."

세상에는 이상한 버릇을 많이 가지고 있는데 의외로 그것이 업무의 능률에 영향을 미치지 않는 사람이 있다. 내 친구 밑에서 일하고 있는 어떤 판매부장은 다른 사람이 전부 일하고 있어도 오전 중에는 도저히 시동이 걸리지 않는다고 한다.

11시 이전에는 업무 전화를 건 적이 없지만, 친구는 그래도 그처럼 우수한 세일즈맨을 본 적이 없다고 한다. 중요한 것은 결과이다. 비판의 필요성을 느꼈을 때는 항상 이 점을 고려하도록 해라.

그러나 때로는 진짜 '쓰레기'와 만나는 경우가 있다. 전혀 손을 쓸 수 없는 사람으로 연중무휴로 불평을 늘어놓고, 주변 사람들과 옥신

각신이 끊이지 않는다. 쓰레기는 재빨리 주워서버리도록 해라. 그런 사람이 한 명 있는 것만으로 종종 판매부문 전체의 건강을 해친다. 신입 사원에 관해서는 시간을 아끼지 말고 사전에 경력을 면밀히 조사할 것을 권하는데 바로 이러한 이유 때문이다.

네가 신임 판매부장으로서 능력을 발휘하여 신뢰를 얻을 때까지 팀원들이 너를 주의 깊게 바라보리라는 사실을 잊지 말거라. 그리고 오늘밤 나와 저녁식사를 함께하고 나면 만면에 미소를 머금은 너의 얼굴을 볼 수 있겠지. 나는 확신한다.

— 너의 보스가

**P.S.**

새 명함이 나오면 주고 싶은 사람이 많겠지만, 나에게 가장 먼저 주면 좋겠구나.

# 유머 감각이 주는 활력

딸은 건강하고 행복한 인생을 살아가는 데 있어 유머 감각이 대단히
중요하다는 사실을 이미 알고 있다. 아버지는 진정한 유머 감각이란
어떤 것인가를 할아버지의 경우와 재미있는 예를 들어 설명한다.

## 사랑하는 딸에게

지난 주 함께 점심식사를 할 때, 너는 캐롤이 아주 좋은 사람이라
며, 마음에 드는 사람 중 한 명이라고 말했지. 내가 캐롤의 어디가
좋으냐고 묻자 너는 즉시 그녀의 장점들을 거침없이 말했다. 그 중
에서 훌륭한 유머 감각과 네가 낙담해 있을 때에도 웃음을 자아내는
그녀의 능력을 강조한 부분이 참으로 인상적이었다. 호감을 주는 사
람 열에 아홉은 성격이 발랄하지. 이런 사람은 손에 넣을 수 없는 것
을 폄하하지 않으며 함께 있으면 기분이 좋아진다.

유머 감각은 누군가를 칭찬할 때 좀처럼 빠지지 않는 일반적인 평가 기준이다. 그런데 왜 우리는 자기 자신에게 그것이 갖춰져 있는지 돌아보지 않는 걸까? 만약 자신에게 유머 감각이 결여되어 있다면 왜 그런지 파악하고 그것을 길러낼 방법을 찾아야 한다.

내 이론을 뒷받침하는 과학적인 근거가 있는 것은 아니지만, 유머 감각은 타고나는 것이 아니라는 게 내 관점이다. 그러므로 의도적으로 유머 감각을 키우는 것이 가능하다. 정신과 그 잠재력에 관한 나의 사소한 연구를 바탕으로 유추해보면, 우리는 모두 그럴 마음만 있다면 유머 감각을 싹틔우고 아름다운 꽃망울을 맺을 수 있다. 우리의 일상생활을 더욱 풍요롭게 할 수 있다면, 그리고 세상의 어두운 면을 밝게 할 수 있다면 얼마나 즐겁겠니.

우리 모두에게는 각자의 성향과 기질이 있어서 매 시간마다 혹은 매 순간마다 기분이 바뀐다. 나는 이 세상이 나에게 부여한 시간을 항상, 혹은 가끔이라도 비참한 기분으로 지내는 것은 귀중한 선물을 낭비하는 것이라는 확신을 가지고 있다. 그리고 동시에 우울한 상황에서 밝은 면을 발견하고, 불행의 밑바닥에서 웃음을 잃지 않는 능력을 키우는 것이 결코 어려운 일은 아니라고 생각한단다.

너의 어린 사촌 동생 브라이언의 장례식 날, 네 할아버지가 보여준 태도를 나는 결코 잊지 못할 것 같다. 할아버지는 그런 날도 우리에게 슬픔의 껍질을 벗기고 웃음을 주었다. 비록 짧은 한순간이었지만 긴장된 마음에 휴식을 줄 수 있었다. 현명하게도 인생의 난관을 극복하는 방법을 터득하고 계셨던 것이다. 어떻게 그것이 가능했을까? 할아버지는 사람이란 아침에 일어나면 두 가지 삶의 방식 중에 한 가지를 선택할 수 있다는 사실을 깨닫고 계셨던 게다. 어두운 슬품을 짊어지고 하루를 살아갈 것인가, 아니면 응어리 없는 마음으로 쾌활하게 하루를 살아갈 것인가.

할아버지가 매일 아침 어느 길을 선택하셨는지는 새삼 이야기할 필요 없겠지. 그것이 바로 그분이 85년의 생애를 건강하게, 생명력에 넘쳐 살 수 있었던 이유였을 것이다. 머지않아 유머가 건강에 미치는 영향을 과학적으로 측정하는 방법이 개발되리라 생각한다. 유머는 세상을 풍요롭게 하고, 각종 질병에도 강한 면역 효과를 나타낸다고 나는 확신한다(하루에 한번 웃으면 의사가 필요 없다고 말할 수도 있지 않을까).

남을 비꼬는 사람, 남을 희생양으로 삼아 빈정대는 농담을 즐기는 사람은 결코 즐거운 사람이 아니다. 사실 냉소적인 유머는 대부분의 경우 자신이 없음을 숨기는 연막이라 생각한다. 친구들을 놀리는 일은 나쁘지 않지만 그 대상을 아주 친한 친구만으로 한정하자. 오해를 받거나 상대에게 상처를 주는 역효과를 초래하기 쉽기 때문이다. 약간의 듣기 좋은 빈말을 포함하거나 솔직한 농담이 그 반대의 농담에 비해 어려운 것이 아니다. 오히려 훨씬 안전하고 우정을 해칠 위험도 없다. 할아버지가 좋아하시던 농담을 한 가지 들려주마. 나는 이 이야기를 적어도 열 번은 들었지만 들을 때마다 한껏 웃게 된단다.

어떤 아버지가 금요일 밤늦게 1주일간의 출장에서 돌아왔다. 부엌 테이블 위에는 부인이 써둔 메모가 있었다. 아들 조니의 일로 상의할 게 있으니 돌아오면 깨워 달라는 내용이었다. 아버지는 침실로 통하는 복도를 걸으면서 초등학교 1학년생인 아들이 대체 무슨 문제에 말려든 것일까 생각한다. 부인을 깨워 물었더니, 교장 선생님

이 전화를 해서 조니가 저질스런 말을 사용한다며 그것을 고치기 전에는 등교시키지 말라고 했다는 것이다. 아버지는 부인에게 걱정할 것 없다고 말했다. 내일 아침 당장 문제를 해결할 모양이었다. 다음날 아침 아버지가 부엌에 있는데 조니가 일어나 들어왔다.

"잘 잤니, 조니. 아침식사는 뭘로 할래?"

"글쎄, 개똥같은 콘프레이크라도 먹을까."

아버지는 그 순간 뛰어올라 아들에게 한 방 먹였다. 아들은 비틀거리며 밀려가 벽에 부딪히며 엉덩방아를 찧었다. 바로 그 순간, 아버지는 천사처럼 사랑스런 네 살배기 딸이 열린 문 앞에 서 있는 모습을 발견했다.

"잘 잤니, 우리 아가씨. 오늘 아침은 뭘 먹을까?"

딸은 대답한다.

"아빠 엉덩이를 걸고 저 개똥같은 콘프레이크는 안 먹어."

자연스런 웃음을, 그리고 눈에 미소를 띠는 것을 절대 잃지 말도록 해라. 웃음은 많은 장애를 극복하게 해줄 것이다. 웃기보다는 오히려 울고 싶을 때에도 말이다.


그리고 네 할아버지를 본받아 매일매일 새롭게 살아가는 방법도 잊지 말도록 하거라.


– 건강을 기원하며 아버지가

# 비즈니스 세계에서
# 여성으로 살아가는 방법

딸은 매우 오랫동안 비즈니스 세계의 밑바닥에서 남성우월주의로 인한 차별을 받았고, 성희롱적인 발언과 행위에 힘들어했지만 늠름하게 응수해왔다. 이러한 어려움을 극복하고 노력한 끝에 회사 경영위원회에 선출된 지금, 딸은 회사를 그만두려 한다. 고위직으로 올라갈수록 더욱 심한 편견과 싸우는 데 지친 까닭이다. 아버지는 무엇이 딸 자신과 여성들을 위한 행동인지를 조언한다.

## 분개하고 있는 너에게

너는 오랫동안 비즈니스 세계의 밑바닥에서 남성의 고압적인 불쾌함을 경험해왔다. 직장에서 '여보'라고 불린 일, '친근감을 담아' 포옹당한 일, 누군가 '장난으로' 엉덩이를 두드린 일, 노골적으로 구애받은 일, 그리고 저질스런 농담이나 너 개인 혹은 여성 전반에 대해 유머를 가장한 빈정거림을 들은 적이 있다. 그리고 직장에서의 발령과 승진, 급여 면에서도 차별을 당했다. 우리는 네가 그런 일을 당할 때마다 이야기를 나눴고, 너는 늠름하게 어려움을 극복해왔다. 네 할머니의 '저런 놈들에게 지면 안 돼!'라는 승부 근성을 상기하며 분투해야 했던 일도 몇 차례 있었다. 그러나 자랑스럽게도 너는 반드시 마음을 새롭게 가다듬어 전장으로 돌아가 승리를 거머쥐고 왔단다.

나는 너의 멋진 승리의 진면목을 듣고서 배꼽이 빠지도록 웃었던 일을 결코 잊을 수 없다. 직장에서 네 고객의 면전인데도 불구하고 너를 '여보'라고 불렀던 남성은 네가 '바보'라고 되받아치자 즉시 태도를 바꿨다고 했지. 언젠가 상사가 네 엉덩이를 두드렸을 때는 너도 그의 엉덩이를 두드려주었지. '떡'하고 힘껏 한대 쳐주었을 때, 사무실에 있던 여성 전원의 갈채를 받았다고 했다(멋진 응수가 아닌가!).

물론 웃어넘길 일이 아닐 때도 있었다. 어떤 세일즈맨이 집요하게 구애해왔을 때는 사장에게 보고해야만 했고, 어떤 남성이 부양가족이 있기 때문에 독신인 너보다 생활비가 많이 든다는 이유로 높은 연봉을 받을 때는 잠자코 받아들일 수 없었다.

이런 종류의 괴롭힘이나 갖은 불만 등을 모두 극복하고, 오련 노력 끝에 회사의 경영위원회에 드디어 이름을 올린 네가 지금 회사를 그만두고 싶다고 하는구나. 비즈니스계의 상위에 있는 남성은 더 나은 사람들일 거라고 기대했겠지. 협소한 사고방식으로 인한 편견과 이렇게까지 싸워야 한다는 생각은 못했을 게다. 그러나 편견은 오히려 지금까지보다도 많다. 다만 종류가 다르고, 점점 무뎌질 뿐이다.

너 이외의 남성 위원들은 너를 중요한 의사결정에서 정중히 제외하고, 너의 제안에 관해서는 공평하게 심의하고 검토하기 위한 시간을 할애하려 하지 않았다. 그리고 네가 어떤 방안을 추진하려 할 때마다 뒤에서 비웃으며 너를 '고집쟁이 할망구'라고 부른다.

여성 상급 관리직 누구에게 묻든지. 여성에 대한 차별은 비즈니스계의 계단을 어디까지 오르든 사라지지 않는다고 대답할 것이다. 지금처럼 기업사회의 대부분을 움직이고 있는 것이 남성인 이상, 이 편견은 앞으로도 사라지지 않으리라고 생각한다. 너는 이 남성의 왕국에 최근 건너온 이민자에 불과하다. 너를 환영하는 남성(총명한 사람)도 있겠지만, 많은 남성이 너를 시샘하고 거부하며 격하게 싸움을 걸어올 것이다. 이 싸움은 지금부터 오랫동안 계속될 것임에 틀림없다.

그러나 너는 이제 남성우월주의에 완전히 정나미가 떨어져서 더이상 참을 수가 없다고 한다. 네가 그러는 것도 무리가 아니라고 생각한다. 나는 네가 여기서 비즈니스 세계를 포기하려는 것을 말릴 수는 없다. 그러나 행동에 옮기기 전에 다시 한 번 다음과 같은 점에 대해 생각해보았으면 좋겠다.

가정 밖의 일을 가진 여성의 한 사람인 너는 금세기에 들어 비로소 시작된 활발하고 거대한 혁명에 참가하고 있는 것이다. 여성은 이 혁명의 결과, 최근 수십 년 사이 유사 이래 어느 시대보다 사회적 지위를 향상시켰다.

1900년 이전에는 여성이 가정 바깥에서 일하는 것은 살기 위해 제2의 수입이 필요한 경우에 국한되어 있었다. 일하는 여성은 신분이 낮다고 간주되어, 이른바 엘리트들은 그녀들에게 경멸의 시선을 던졌다. 당연히 그러한 엘리트의식에는 근거가 없다. 민주주의의 위대한 보고인 영국에서조차 여성에게 완전한 선거권이 주어진 것은 1928년의 일이었다. 1950년대가 되어서도 여성 경관에게 주의를 받는 일, 여성 목사의 설교를 듣는 일, 법정에서 여성 변호사의 변호를 받는 일, 여성 의사의 진찰을 받는 일, 여성 정치가에게 투표하는 일, 심지어 여성 관리직 밑에서 일하는 경우는 극히 드물었고 그러나 이제는 그런 일을 신기하게 여기지 않게 되었다.

그것은 너희 시대의 변화이다. 너와 동성인 여성의 대폭적인 지위 향상은 네가 태어나고부터 시작되었단다. 너도 이를 위해서 적극적으로 공헌하고 있다. 너는 지금 전진에 곤란을 느끼고 있다고 하지만, 그렇다고 이 역사의 전환기에 쉽게 후퇴해야 할까. 그래선 안 된다. 아무쪼록 머물러주기 바란다. 너를 비롯한 여성들의 노력 덕분에 두뇌의 사회적 활용이 이렇게 진보하고, 그 결과 생활수준이 눈부시게 향상되었다.

그럼에도 남성은 왜 이렇게 마음이 좁아서 여성의 진출을 시샘하는 것일까. 나도 그 이유를 명확히 설명하지는 못하겠다. 남성우월주의의 그림자는 사라진 듯하지만, 그 뿌리는 깊고 여전히 시들 줄 모르는구나. 네 엄마가 근 2~3년간, 자기가 고안한 노인용 이동 보조 장치를 시장에 내기 위해 얼마나 고생했는지, 그 경험을 생각해보면 좋겠다. 가장 큰 어려움은 제조 부문의 남성에게 엄마의 설계도대로 제품을 만들도록 하는 일이었다. 엄마가 면밀한 조사를 하고 테스트를 거듭하여 그 설계가 옳다는 것을 증명했는데도 불구하고, 그러한 기구의 설계에 관해서는 엄마보다 더 잘 안다고 믿고 있는 남성이 끼어들어 계속 방해를 한 것이다.

여성의 지성과 능력을 과소평가하는 것은 많은 남성이 저지르는 실수라고 생각한다. 때문에 여성의 우수하고 유익한 아이디어의 대부분이 빛을 보지 못하고 만다. 만약 여성이 자기의 의견에도 공평하게 귀기울여달라고 끈질기게 주장하면, '고집이 세다', '전투적이다'라는 말을 듣는다. 경우에 따라서는 더 심한 소리를 들을 때도 많다.

이에 반하여 남성이 아이디어를 주장하면 날카롭고, 근성이 있고, 총명한 젊은이라는 칭찬을 받는다.

새로운 아이디어가 무시당하거나 부당한 대우를 받는 것은 회사 자원의 낭비이다. 그런데 왜 그런 일이 생기는 걸까? 이 점에 관해서도 나도 남자이지만 많은 남성의 편협한 마음을 설명할 수가 없다. 아마도 여성의 급속한 사회 진출에 대한 인간적인 반응의 하나가 아닐까. 시간이 지나면 문제는 자연히 해결될 것이라고 기대할 수 밖에 없다.

너는 사원으로서, 그리고 관리자로서 오랫동안 사내에서 남성에게나 여성에게나 걸출한 실력을 과시해왔는데, 네가 지금의 지위에서 물러난다면 네 동성(여성)들이 가장 큰 타격을 받을 게 분명하다. 네 말을 빌자면, 우리 회사에는 그 지위에서 남녀평등을 위해 발언할 사람이 없어지기 때문이다. 그것은 큰 기회를 놓치는 것을 의미한다. 너 하나가 아니라 네 회사에서 일하고 있는 여성 전원에게 큰 패배를 안기게 된다. 나는 개인적으로 네가 편견에 패배하여 그 지위를 떠나는 일만큼은 말아주었으면 하고 바란다. 잘 생각해 보거라.

만일 머무를 결심을 했다면 화가 나거나 미워하는 마음을 전부 잊어버리도록 노력해라(그 기분은 잘 알겠지만). 그리고 비즈니스로서 딱 잘라서 다시 도전해보자꾸나. 다시 말해 네가 손대는 다른 비즈니스 문제와 똑같이 취급하는 것이다.

신제품의 개발, 새로운 시장 전략의 수립, 또는 기분을 망친고객의 중재 등과 마찬가지로 대처하는 것이다. 이런 식으로 한동안 감정을 차단하고 경영위원회에 참여한다면, 다른 임원들에게 일류 관리자란 어떻게 해야 하는가를 모범적으로 보여줄 수 있겠지.

그러기 위해서는 너의 참가를 막으려고 하는, 혹은 너의 아이디어를 냉동시키려고 하는 어떤 시험에도 동요하지 마라. 그리고 세심하게 마무리한 계획이나 의견을 상대방이 귀를 기울이고 공평한 평가를 내리기까지 끈기 있게 제시하고 항상 침착함과 긍지, 공정함, 유머 감각 즉 너의 훌륭한 장기를 유지하도록 해라(유머는 무엇보다도 긴장을 완화시키는 데 좋은 효과가 있다).

관리자로서 흠잡을 데 없는 네 행동은 곧 회사 내에 있는, 너와 같은 진정한 용기를 가진 이의 마음을 사로잡게 될 것이다. 그리고 언젠가는 뿌리부터 남성우월주의자인 사람들조차도 너를 본받게 될 것이다. 일에 대한 정열과 인내력이 결합되면 승리는 반드시 너의 것이 된다.

그리고 마침내 지위를 확립하게 되면 너는 똑같은 상황이 발생할 싹을 애초에 잘라서 재발을 방지해라. 어느 세계에서나 이 세상을 움직이는 것은 남성이라고 믿고 있는 돌머리가 하나둘은 있는 법이란다. 우리 회사의 발전을 위해서, 네 부하직원 중에 그런 사람이 있다면 추출해내고 편견에 좌우되지 않는 총명한 인재(성별은 불문하고)를 기용해라.

확고한 지위를 얻게 되면 네가 오랫동안 감수해온 고생을 남성에게도 어느 정도 맛보이고 싶은 생각이 들지도 모른다.

부탁이니 제발 그러한 유혹에 넘어가지 않기 바란다. 지나친 여성 해방운동이 남성우월주의와 다를 바가 무엇이겠니. 양쪽 다 시간과 능률과 이익에 커다란 손실을 초래한다.

너는 '큰 소용돌이'에 말려들었다고 생각할지 모르지만, 나는 너의 성장이 기쁘기만 하다. 여성이 이만큼 비즈니스 세계에서 성공하리라고는 예상하지 못했다. 게다가 네가 그 선두에 서리라고는 더욱 더.

불과 20년 전까지만 해도 영국 수상의 지위를 여성이 차지하는 시대까지 오래 살지는 못할 것이라고, 나는 집과 개, 비행기까지 걸고 장담했단다. 그러나 웬걸, 대처 여사는 그 지위에 올랐을 뿐 아니라, 이 위대한 나라의 역대 수상 중에서도 가장 유능한 한 사람이라는 것을 보기 좋게 증명했다. 만일 내가 더 오래 살아 여성이 교황의 옥좌에 앉는 시대를 맞이한다면, 제8의 불가사의를 목격하는 셈이다.

장담은 이쯤에서 그만 하마. 엄마가 일을 마치고 돌아오기 전에 쇼핑을 해두고 세탁소에서 세탁물을 찾아와야 한다. 그렇지 않으면 나의 '보스'에게 호된 꾸중을 들을 테니까(이런 시대를 맞이할 때까지 오래 살리라고는 생각도 못 했다).

— 사랑을 담아 한 남자가

# 오늘 하루를 극복하자

딸은 나쁜 일이 계속 겹치자 풀이 죽는다. 아버지는 딸에게 주도권은 언제나 자기 자신에게 있다는 사실을 깨우쳐주고 시간을 작은 단위로 나누어 슬럼프를 벗어나는 방법을 가르쳐준다.

### 사랑하는 딸에게

네가 요즘 어깨를 축 늘어뜨리고 고개를 숙이고 있는 모습을 보면 누구나 네가 무거운 짐을 지고 있다고 생각할 것이다. 그리고 네가 여느 때처럼 미소를 짓지 않는다는 사실도 눈치 챌 것이다.

어제의 네 얘기로는, 산도 있고 계곡도 있는 비즈니스의 세계에서 너는 요즘 산보다 계곡을 보는 일이 많은 것 같구나. 귀중한 사원을 잃고, 굵직한 고객이 지불을 미루고, 차기 주문도 많지 않은 걸 보니 말이다. 분명히 이 정도로 일이 겹치면 웬만큼 노련한 관리직이라도 다소 풀이 죽는 법이지. 그러나 꼭 그렇지만도 않단다. 내 이야기를 들어보렴.

불운이 겹치는 회사가 있는 것처럼, 슬픔이나 고민이 겹치는 사람이 있는 것도 당연한 이치이다. 이유는 아무도 모른다.

운명의 장난이라고 해야 할까. 지금처럼 인생은 불공평하다고 원망하고 스스로를 측은히 여기며 끙끙대는 것도 좋지만, 등과 가슴을 펴고 개인적인 일이건 직무상의 일이건 피할 수 없는 문제에 정면으로 부딪쳐보는 것도 나쁘지 않다. 주도권은 자신에게 있단다. 그러니까 문제에 휘둘리지 않겠다는 신념을 가져라. 어느 쪽을 향해도 고난만 보일 때에는, 그에 맞서는 용기와 손실을 만회할 계획을 세우는 사려 깊음이 필요하단다. 이 두 가지 특질을 기르도록 해라. 그렇지 않으면 현실에 안주할 수밖에 없다. 두들겨 맞고 비탄에 빠져 일할 마음을 갖지 못한 채 풀죽어 지내게 되겠지.

적극적인 행동을 하기 위해서는 적극적인 마음을 갖도록 조정할 필요가 있다고 강조했다. 그렇게 하는 것이 지금의 너에게는 매우 어려울지도 모른다. 그러나 곤란을 극복하기 위해서는 우선 정면으로 맞설 결의를 하지 않으면 안 된다. 어찌됐건 일단 자신을 회복하도록 노력해야 하지 않겠니. '나는 이긴다.'라는 명약을 대량으로 투여함으로써 말이다.

아침에 잠자리에서 일어나 현실 세계와 맞서고 싶지 않은 기분을 나도 여러 차례 경험한 적이 있다. 너도 알겠지만 눈을 뜬 바로 그 순간, 당면한 문제들이 모조리 떠올라 머릿속을 어지럽힌다. 그럴 때에는 자기 자신을 타일러야 한다. '나는 절대 지지 않는다. 나는 모든 어려운 문제를 해결한다. 나는 반드시 이긴다'라고. 이 아침의 우울을 극복하는 것이 중요하다는 것을 깨닫기 전까지, 나는 냄비 속에서 지글지글 졸여지거나 거대한 불구덩이 속으로 뛰어드는 것 중 하나를 선택할 수밖에 없다고 생각했다. 그런 기분으로는 좋은 하루를 시작할 수가 없다.

고단한 나날들을 극복하기 위한 열쇠는 회사나 개인의 장기적인 목표에서 한발 물러나 단기적인 문제로 생각을 좁히는 것이다. 즉 하루 단위로 살아보자꾸나. 이 역경을 이겨내기 위한 기본자세는 오늘 하루를 극복하겠다고 마음먹는 것이다. 아침에 눈을 떴을 때 네게 정말 확실한 것은 어쨌든 이 하루가 관건이다.

누구도 과거에 한 쪽 발을 남기고 올 수 없고, 미래에 한 쪽 발을 먼저 디딜 수도 없다. 과거나 미래에 사로잡혀 오늘을 놓치는 실수를 범하지 않도록 해라. 굵직굵직한 고객에게 결재를 못 받아 2주일 후 거래 은행에서 무슨 말을 들을 것인가 하는 걱정은 접어두어라. 문제의 중심은 은행과의 관계가 아니라 고객에게서 결재를 받을 수 있도록 당장 어떤 방법을 강구하는 일이니까. 너도 알겠지만 상대에게 지불 능력이 없는 것이 아니다. 따라서 지불의 지연에는 무언가 이유가 있다고 생각하는 편이 좋다. 오늘 만나서 해결 방법을 이야기해라(그렇게 하면 고객과 너는 분명 마음이 편해질 것이다). 물론 다른 문제에도 똑같이 부딪쳐야 한다.

이럴 때에는 사소한 유머가 큰 효과를 낸다. 내가 사업을 막 시작했을 때, 존 스펜서라는 노신사가 사무소 지배인으로 일한 적이 있었다. 존은 그때 벌써 70대였지만, 아침에 제일 먼저 출근했고, 언제나 기분 좋게 일하며 어떤 경우에나 나를 지지해주었다(지금도 그가 있어주었으면 하고 생각한다), 어느 날 내가 악어가 득실거리는 진흙탕에 무릎까지 빠져 있을 때 위로를 받고 싶어 존에게 말을 걸었다. 내가 고민을 죄다 털어놓자, 그는 한마디로 잘라 말했다.

"그래 그런 일은 자주 있는 법이지. 그리고 앞으로는 더 나빠질 거야!"

우리는 그 후 몇 년 동안, 그의 이 의미심장한 말을 가끔 상기하며 웃곤 했단다. 더 이상 나빠질 수 없을 정도로 나쁜 상황이란 실제로는 없기 때문이다.

그 힘들었던 시절에 존이 나에게 권해준 방법은 잠시 사무실에 틀어박혀서 인생의 순조로웠던 순간에 대해 생각하는 것이었다. 건강, 사랑스러운 가족, 편안한 집, 맛있는 식사, 좋은 친구, 이 모든 것은 축복이며 자유롭고 멋진 나라에서 살고 있다는 '사소한' 부분들을 생각하라고 그가 권했다. 물론 그의 조언은 큰 도움이 되었다. 지금 손꼽은 것들은 인생의 진짜 보배 중 극히 일부일 뿐이다. 사람은 종종 그에 대한 감사함을 잊고 살다가 상실하고 나서 비로소 깨닫는다. 그러나 존이 권유한 사고방식은 기억해둘 가치가 있다.

'하루 단위로'라는 자세로 문제의 해결에 임할 경우, 그 효과를 보기 위해서는 무엇보다 인내가 필요하다는 점을 절대 잊지 말아라. 참을성은 특히 젊은이들이 기르기 어려운 특징이지만, 인생이란 싸움에 맞서기 위해서는 반드시 너의 성안에 잘 갖추어두어야 한다. 의사이기도 했던 16세기의 프랑스 작가 라블레는 "인내심이 강한 사람은 어떤 일이든 이루어낼 수 있다."고 말했다. 셰익스피어도 라블레와 비슷한 말을 남겼다. "인내력이 없는 사람은 얼마나 가난한 사람인가?"하고 말이다.

너는 지금 궁지에 빠져 있다고 생각한다. 내 무릎을 여러 차례 물어뜯으려 했던(지금도 가끔 덮치려 한다.) 그 악어들이 너를 노리고 있다. 그러나 실제로는 몇 가지 곤란한 일이 중복되어 산처럼 느껴지는 것뿐이다. 너에게 필요한 것은 여러 문제들을 정리하고 평가한 후 '한 번에 하나씩' 해결하는 인내력이다.

폭풍우에 견디는 법을 배우기 바란다. 한 가지씩, 하루하루를 극복하도록 해라. 모든 일이 그렇지만 이러한 대처방식은 결코 새로운 것이 아니며, 고난에 처했을 때 이 방식을 따르는 사람도 많다. 이 방식이 통용되려면 중압감 속에서도 올바른 사고를 유지할 수 있을 만큼의 인내력이 필요하다. 그렇기 때문에 많은 사람들이 배우고자 하고, 내가 너에게 열성적으로 권하는 것이다.

기원전 200년경에, 당시의 로마 희극 작가 플라우투스는 산적한 문제들을 바라보며 이렇게 말했다.

"인내는 온갖 곤란의 가장 좋은 해결책이다."

네가 플라우투스의 현명한 조언에 따라, 네 자신의 시련을 '하루 단위'로 잘 견디어줄 것이라고 믿는다. 그리고 당부하건대 '이런 일은 자주 있는 법이다!' 라는 말을 제발 잊지 말아다오.

– 사랑을 담아 아버지가

# 반드시 지켜야 할
# 비즈니스 윤리

딸은 뇌물을 요구하는 대기업의 상급 관리 때문에 고민한다. 아버지는 비즈니스 세계의 어둠과 만나게 된 딸에게 성실한 비즈니스로 오랫동안 쌓아온 신용의 가치가 얼마나 중요한지를 가르쳐준다.

## 사랑하는 줄리에게

대기업의 상급 관리직이 제안한 거래 건으로 모처럼의 연휴를 마음 편히 보내지 못하고 있구나. 주제 넘는 참견일지 모르지만 월요일까지 너의 기분을 정리해주고 싶다. 이 문제는 그만 잊어버리자. 구태여 사서 부담을 질 필요는 없으니까, 편의를 봐주는 대가로 몰래 현금을 건네면 너와 계약을 해주겠다는 그의 제안은 심한 악취를 풍긴다. 그런 일에 말려들어서는 안 된다.

너는 회사에서 요구하는 정당한 수속을 밟고, 담당자 전원에게 정식으로 허가를 얻었다. 그리고 이 고객을 손에 넣기 위해 오랫동안 열심히 일해 왔다. 그렇게 애를 써서 여기까지 도달했으니 최종적인 계약을 따내기 위해서 이 남자에게 다소의 현금을 쥐어주고 싶은 유혹에 빠질 수도 있겠지. 그러나 그 일은 생각조차 하기 싫은 위험한 사태를 초래할지 모른다.

무엇보다도 너는 이 남자가 자신의 회사에서 도둑질하는 것을 돕는 셈이 된다. 우리가 돈을 더 들인다면 그만큼 상대회사에서는 경비가 절감이 되어야지, 뇌물로서 한 관리직의 주머니를 두둑하게 만들어서는 안 된다. 그가 할 일은 회사를 위해 질 좋은 상품과 서비스를 가능한 싼값에 사들이는 일이다. 그 상급 관리직은 자기 임무를 게을리 하고 있으며, 회사를 속이고 거짓말을 하면서 사기를 치는 것이다. 그런 사람을 도와주고 나쁜 짓을 부추긴다면 너 자신도 남을 속이고 거짓말을 하며 사기를 치는 셈이 된다. 그런 인간이 되고 싶은 건 아니겠지. 이제 그 남자의 제안은 머릿속에서 지우고 다른 곳에서 정직하게 부딪치자.

이것이 네가 상거래에서 처음으로 만난 명백한 부정일 게다. 하지만 유감스럽게도 이것이 마지막은 아닐 거란다. 대부분의 경영자들은 정직하고 솔직한 방법으로 회사를 키우고 이익을 내지만 그렇지 못한 사람도 있지. '명예보다 부'라는, 우리와는 반대의 표어를 내걸고 있는 사람들이다. 그러나 옳지 못한 사람이 오래도록 숨어 있기에 비즈니스 세계는 너무 좁다. 그러한 종류의 일에 관여하여 자기 자신의 신용을 추락시키지 말거라.

나는 최근 친구들과 이야기하면서. 만약 네 동생에게 쓴 편지 중 한 통만 남겨야 한다면 어느 것을 남기겠냐는 물음에 주저 없이 '성실하면 얻는다'는 제목의 편지라고 대답한 적이 있다. 나는 그 편지에 "성실한 인격의 소유자란 간단히 말해 수준 높은 도덕적 생활 태도가 몸에 배어 있는 사람이다. 즉 그 사람의 일상은 언제나 성실하고, 정직하고, 솔직하단다. 비즈니스 세계에서는 바로 그와 같은 특성이 장기적 성공을 얻는 생명력이 된다."고 했다. 단순한 덤이나 가장 귀중한 장점이 아니라 생명력이라는 것을 기억해라. 성실함은 장기적인 사업의 성공을 가져오는 '생명의 호흡'이다.

상거래를 성실하게 하려고 하지 않는 사람도 상당수 있다. 그런 사람들의 대부분은 종종 남을 배신하면서도 잘 살아나가는 것처럼 보인다. 그러나 곧 너도 그런 사람들이 언제까지나 운 좋게 버틸 수는 없다는 사실을 알게 될 것이다. 사기나 윤리에 반하는 상거래의 소문만큼 비즈니스 세계에서 빨리 퍼지는 것은 없다. 그리고 한번 그러한 소문이 퍼지면, 매출의 저하가 그 후의 경과를 말해준다.

부정은 대체로 '가정에서' 시작된다. 아이의 성격을 최초로 형성하는 것은 다름 아닌 부모이다. 유감스럽게도 요즘 부모들은 '나를 보고 배워라'가 아니라 '내가 하라는 대로 하라'는 양육 방침을 취하는 일이 많은 것 같다. 백문이 불여일견이라는 말과 같이 부모가 보여주는 모범의 행동에는 그 열 배의 설득력이 있다. 네가 여러 가지 형태로 비겁한 짓을 하는 모습을 보인다면, 즉 레스토랑에서 계산이 자신에게 유리하게 잘못되었을 때 기뻐하거나 자동차에 과속 차량을 촬영하는 카메라의 위치를 알려주는 장치를 부착하여 제한 속도를 어기거나하면, 아이에게 정직하라는 말이 무슨 소용이 있겠니. 많은 부모는 자기 자신의 행동을 통해, 모르는 사이에 어느새 거짓말하기와 남을 속이는 방법을 어린아이에게 가르친다. 그것은 아이가 성장한 다음에 커다란 문제로 나타나기도 한다.

학생 시절에는 교사, 코치, 그리고 친구들 모두가 개인의 도덕 성장에 커다란 영향을 미친단다. 비즈니스 세계에서는 사업의 지도자가 그것을 대신하지. 성실함이 결여된, 부도덕한 행위를 부추기는 상급자가 있다면 그 밑에 고용되는 사람은 경계해야 할 것이다. 특히 실업계에 막 입문한 신인은 주위 사람들에게 물들어 자신의 뛰어난 감각을 둔화시켜서는 안 된다. 그런 환경을 박차고 나와 다른 회사로 가서, 신념으로 결부된 조직의 중심에 스스로를 묶어두도록 해라. 그러지 않으면 순식간에 주변 사람들의 사고방식에 물들어 다소의 속임수나 악행을 모른 척하고, 출세 경쟁에서 이기는 가장 확실한 방법은 뒤에서 험담하는 것이라고 생각하게 될 것이다.

부모, 교사, 경영자, 그리고 성직자의 영향력이 어떻든 성실함과 비겁함 사이에서 최종적으로 결정을 내리는 것은 각 개인이란다. 만일 내가 너의 선택에 관하여 마음으로부터 신뢰하지 않았다면 네가 우리 회사에서 현재의 중요한 지위를 차지하지 못했을 게 분명하다.

얼마 전 거래처에서 어느 화학약품의 시가가 최근 올랐기 때문에 이미 낸 견적 가격을 인상하고 싶다고 네게 말해왔지.

그에 대해 네가 일단 한번 낸 견적에 책임을 지든지 아니면 우리 회사명을 고객 명부에서 말소하든지 선택하라고 응수한 것은 정말 멋졌다. 우리 회사가 번영하기 위해서는 이러한 간부가 필요하다.

나는 오랫동안 고객, 사원, 거래처의 신용을 유지하는 것을 개인적인 신조로 삼으며, 경영 간부들에게도 그렇게 하라고 명령해왔단다. 우리 회사는 이 방침을 토대로 세워졌고, 오늘도 그것을 최강의 기초로 삼고 있지. 그리고 우리는 이 신용을 얻기 위해 오랜 세월 노력해왔기 때문에 나 개인으로서는 그것을 매우 자랑스럽게 여기고 있단다.

경영진의 한 사람으로서 네 개인의 신용을 손상시키지 않는 것도 중요하다. 신용에는 이루 헤아릴 수 없는 가치가 있다. 너 역시 상대방을 속이기보다는 상대방보다 뛰어난 지혜를 짜내어 성실하게 비즈니스의 도전에 응할 때에 분명히 자연스럽게 정신이 고양됨을 느낄 것이다. 그것이 바로 신용을 지키는 일이다. 회사를 튼튼히 하고, 성실한 회사라는 평판을 얻은 데는 너 자신과 직원들의 성실함이 있었음을 잊지 말도록 해라.

"나는 정직한 사람을 찾고 있다."고 그리스 철학자 디오게네스는 말했다. "성실은 누구나가 내거는 표어지만 실천하는 사람은 적다."고 아일랜드의 철학자 조지 버클리도 말했다. 분명히 성실은 극소수의 선택받은 사람들이 갖는 여유인지도 모르지만, 나는 소수 쪽에 속하고 싶구나. 그것은 너도 마찬가지라고 믿는다. 비즈니스 세계에서는 능수능란한 사기꾼이 돈을 낸다고 신망을 살 수는 없단다. 부정을 행하는 사람들은 멋대로 하도록 내버려두어라. 언젠가 경찰이 그들의 현관문을 두드릴 테니까. 우리는 우리 방식대로 해나가면 된다.

나쁜 짓을 하려는 그 관리직에게 그런 거래는 할 수 없다고 말해줘라. 너는 이 지역에서 가장 좋은 상품을 가장 싼 가격에 가장 좋은 서비스로 제공하고 있으므로 원료를 공급하는 업자로서 그의 회사와 거래할 자격이 충분하다. 어쩌면 그도 자신의 양심에 눈을 뜰지 모른다. 그리고 뒷거래 없이 너의 계약을 받아들일지도 모르지. 네

가 그것에 성공한 날 밤에 네게 최고의 샴페인을 곁들인 저녁식사를
대접하겠다.

　이런 '뇌물'이라면 기꺼이 말이다.


- 너와 같은 정직한 사람으로부터

# 창조성의 가치

경쟁사의 신제품 때문에 회사의 매출이 떨어지자 딸은 고민에 빠진다. 아버지는 이 문제를 해결하는 데는 창조력이 필요하다고 조언하면서 창조력이 무엇인지, 그것을 어떻게 활용해야 하는지 설명한다.

사랑하는 줄리에게

최근 우리 제품 중 하나가 시장에서 경쟁사의 '새롭고, 보다 좋고, 효과적인' 브랜드에 흔들리고 있는데 어떻게 대처하면 좋을까? 해답을 얻으려면 먼저 네가 태어나 지금 살고 있는 환경을 명확히 인식하기 바란다. 오늘날 인류는 일찍이 경험한 적이 없는 급속한 변화의 시대에 살고 있다. 실제 통계를 보면 아연할 것이다. 다음 사실을 생각해보기 바란다.

세계의 모든 정보량이 고대 로마의 최전성기인 서기 원년부터 그

두 배로 증가하는 데는 1750년 정도가 걸렸다. 그러나 그로부터 불과 150년인 1900년까지 그것이 다시 두 배로 늘고, 불과 65년 후인 1965년까지는 그 두 배가 되었다. 그리고 8년 후인 1973년에는 그것이 다시 두 배로 증가했다.

오늘날 정보는 3~4년이면 두 배로 증가한다고 한다. 이처럼 맹렬한 기세로 늘어나고 있는 정보가 미래에는 얼마만큼의 양이 될지 상상조차 하기 힘들다. 이 광대한 정보량을 통해 짐작할 수 있는 현대의 진보는 다름 아닌 인간 상상력의 산물이다. 상상력이라는 인간 마음의 창조적인 자원으로부터 항공기와 우주선, 팩시밀리, 반도체, 텔레비전, 레이저, 휴대전화, 인터넷 등 온갖 종류의 경이적인 장치와 어마어마한 발명이 최근 몇십 년 간에 이루어졌다. 이것들은 전부 먼 옛날 고대 로마인, 이집트인의 마음에도 이미 '존재'하고 있었다. 다만 금세기에 이르기까지 '발견' 되지 않았을 뿐이다.

어째서일까? 우리의 창조 활동이 왜 선조에 비하여 이처럼 비약적으로 발전한 것인지, 그 이유를 정확하게 설명할 수는 없다. 그러나 금세기에 들어 인간의 상상력이 펼쳐질 수 있는 범위가 전에 없을 정도로 넓어졌다는 점이 그 주된 원인 중 하나임에는 틀림이 없다. 그리고 21세기에는 이러한 20세기의 진보도 사소하게 여겨질 것이다.

이러한 사실은 우리가 당면한 문제, 즉 경쟁 회사의 신제품에 대항하는 것과 어떠한 관련이 있을까. 이미 여러 가지 면에서 창조력을 활용해야 할 필요성이 있음을 눈치챘을 것이다.

그것은 인간 마음의 타고난 기능 중 하나이다. 현재 우리 제품가운데 하나가 시장에서 경쟁품에 뒤지고 있지만, 우리가 아무런 준비

없이 안이하게 있었던 것은 아니다.

경쟁이 시작되면 여러 가지 아이디어를 뽑아내야 한다. 그리고 승리는 최선의 아이디어를 낸 회사에게 주어진다. 바꿔 말하면 가장 창조적인 생각을 하는 회사가 이긴다. 창조적인 사고는 타사보다 발전된 전략을 수립하기 위해 없어서는 안 될 '무기'이다.

우리는 항상 회사 이익의 상당 부분을 지속적인 연구와 개발 계획에 투자한다는 경영 방침을 지켜왔다. 그리고 현재의 제품을 개량하기 위한 돌파구를 마련할 수 있는 몇 가지 가능성을 타진해보고 있기 때문에 곧 경쟁품의 위협에 대항할 수 있을 것이라고 나는 확신하고 있다.

나의 경영철학에 따르면, 제조 회사는 새로운 개선 방안을 당장 시장에서 실천할 수 없다. 그러므로 우리들이 지금 경험하고 있는 뜻밖의 상황에 대비하여 아이디어를 축적해두는 편이 현명하다. 즉 경쟁 상대가 손바닥을 보여주면서 자기네 쪽이 한수 위라고 생각하고 있는 사이, 새로운 아이디어가 가득한 서랍 속에서 상대가 휘청거릴 만한 '절묘한 응수'를 골라내는 것이다.

이번 건에 대해서 너는 먼저 다음과 같은 점에 유념하거라. 이익의 대부분을 주주에게 배당으로 지불하고 신제품 개발과 제품 개량을 위해서는 한 푼도 쓰려고 하지 않는 회사가 많은데, 이는 중대한 잘못이다. 우수한 회사는 이익의 일부를 쪼개어서 회사의 활력을 장기적으로 유지하기 위한 연구와 개발에 투자한다. 우리 회사는 주주 전원이 가족인데다가 신용을 얻어야 하는 은행가도 한사람뿐이므로 '오늘 쓰는 돈은 내일 일으킬 사업에 대한 투자여야 한다.'는 방침을 다른 회사보다 훨씬 쉽게 지킬 수 있을지 모른다. 그렇더라도 나는 그 이외의 길은 없다고 믿는다.

그리고 사업에 성공하기 위해서는 직원의 마음에 창조성과 풍부한 상상력을 배양시켜야 한단다. 예전에는 교육과 노력만 있으면 성공을 기대할 수 있었지만 이제 시대가 변했다. 오늘날 성공하기 위해서는 이들 요소에 더하여 창조적이고 상상력이 풍부한 마음이 필요하다.

고도로 창조적인, 태어나면서부터 발명가인 사람은 극소수이며 대부분 사람들은 그렇지 않다는 것이 통념이다. 분명히 대부분의 사람들은 한 쪽 부류에 속하는 것처럼 보인다. 그러나 나는 창조성이 선택된 소수의 사람들에게만 주어지는 힘이나 권리가 아니라 모든 사람이 본래 갖추고 있는 능력이라고 생각한다. 앞서 언급한 세계 정보량의 급속한 증대에 관한 통계가 바로 이러한 사실을 증명한다.

사업을 시작한 젊은 시절, 나는 나보다 연상인 공동경영자가 지닌 발명가로서의 재능과 천재적인 창조성에 경외심을 품고, 나에게는 창조성이라곤 눈곱만큼도 없다고 믿었다. 기쁘게도 시간, 학습, 습관, 그리고 경험에 의해 그것은 단순한 착각이었음이 분명해졌지만, 그 시절에 그것을 깨달았더라면 더 나았을 것이다. 그랬다면 헛된 고민, 동요, 그리고 불확신을 어느 정도 덜었을 것이다.

지금 너는 일찍이 내가 범했던 잘못을 똑같이 되풀이하고 있다. 너는 어린 시절에 미술시간에는 사람의 윤곽을 그리는 것이 고작이었고, 영어시간에도 변변한 시를 짓지 못했기 때문에 자신은 '상상력이 부족하고, 창조성이 전혀 없는 인간이다.'라고 치부해버렸다. 다행히도 그때는 네 엄마와 내가 세월의 공로로 네 착각을 바로잡아 줄 수 있었다.

창조성은 아름다운 그림이나 화려한 수사구로만 나타나는 것이 아니다. 금방이라도 실용화할 수 있는 멋진 발명으로 나타난다고 한정할 수도 없다. 그것은 일상생활 중에 여러 가지 모습으로 나타난다. 너는 아직 잘 모르고 있는 것 같은데, 판매부장으로서 이룬 네 성공의 요인은 네가 일을 처리하는데 사용한 창조적인 사고에 있다. 예컨대 새로운 고객에게 접근하기 위해, 현재 고객과의 문제를 해결하기 위해, 계약 교섭을 하기 위해, 계약 체결을 하기 위해, 불만을 품고 있는 사원을 달래기 위해, 팀의 사기를 진작시키기 위해 어떻게 하는 것이 최선인가를 창조적으로 사고한 덕분에 얻어낸 것이다.

창조력의 활용에는 네 가지 측면이 있다. 이러한 측면을 '마음의 작용', '숙성기', '고독', '마스터 마인드'라고 부르기로 하자. 그리고 각각의 측면에 관해 고찰해보자.

### 마음의 작용

너는 무엇이든 조사하고자 하는 테마에 관한 사실 전체를 잠재의식에 축적해야 한다. 그리고 잠재의식 안에서 사실 얼킨 실타래가 풀리고, 어둠에 빛이 비쳐 마침내 해답이 떠오르는 것을 기다려야 한다. 아이디어는 계속 떠오를 것이다. 생각지도 못한 곳에서 떠오르는 아이디어도 있겠지만, 어쨌든 모종의 형태로 정리되어간다. 너는 그것을 테스트하고 실행에 옮기면 된다.

### 숙성기

창조적인 돌파구는 하룻밤에 열리지 않는다. 이 점을 이해하기 바란다. 그런 경우가 없는 것은 아니지만, 일반적으로 아이디어의 발전에는 시간이 걸린다. 때로는 몇 년씩 걸려 참을성 있게 사실을 탐구하고, 실험을 거듭하여 새로운 데이터를 모두 잠재의식에 맡기고 최종적인 만능의 해답을 기다리지 않으면 안 된다. 20세기의 미국을 대표하는 시인 로버트 프로스트는 그것을 다음과 같이 표현했다.

"프랭클린이 영감을 얻기까지 몇 번의 번개가 쳤을까. 뉴턴이 영감을 얻기까지 사과는 몇 번이나 그의 머리 위에 떨어졌을까. 자연은 항상 영감을 준다. 거듭 되풀이하여 주고 있다. 우리들은 어느 날 문득 그 영감에 눈뜨게 된다."

인류는 그 창조적인 마음으로 '영감을 얻어' 바퀴, 종이, 유리, 전기, 자동차, 비행기 등을 발명했다. 그리고 달 표면에 서고, 심장을 이식하고, 순간적인 정보 전달 기구를 전 세계에 보급하고, 그 밖에도 수없이 많은 업적을 이루어내고 있다.

### 고독

고독은 창조력의 가장 중요한 촉진제의 하나이다. '힌트로 포착'하기 위해서는 아이디어를 되새겨볼 수 있는 조용하고 차분한 마음의 환경을 조성해주어야 한다. 새로운 아이디어가 떠오를 것 같은 조용한 한순간이 필요한 것이다. 19세기 미국 시인 제임스 러셀 로웰도 말했듯 "사교가 원만한 인격을 기르는 것처럼, 고독은 상상력을 기르기 위해 필요하다." 내가 목요일 저녁에 사무실을 나선 후, 월요일까지 회사에 돌아가지 않는 것은 그 때문으로, 대체로 친구들은 내가 금요일에 쉰다고 생각한다. 금요일은 집에 있든 카누를 하든, 내게는 조용한 '사색'의 하루로 1주일 중에 가장 결실이 많은 귀중한 날이라는 것을 그들은 모르는 것이다.

## 마스터 마인드

나폴레옹 힐은 저서 「성공의 비결」에서 '마스터 마인드'를 특정 목적을 달성하기 위해서 둘 이상의 사이에서 협조의 정신으로 행하는 지식과 노력의 통합'이라고 정의한다. 두 사람 이상이 협조하여 당면한 문제에 대처하기 위해 머리를 맞대면, 혼자 힘으로 얻는 해답보다 훨씬 나은 아이디어가 다수 생겨난다. 나폴레옹 힐이 시사하는 것처럼 둘의 두뇌를 맞대면, 눈에 보이지 않는 제3의 두뇌인 마스터 마인드를 통한 추가 입력이 발생하는 것이다. 창조력과 상상력은 컴퓨터, 태양계, 마이크로 전자공학, 그리고 우주여행에 관한 지식의 진보를 가져온 모든 두뇌에 대해 말할 수 있듯이, 네 마음에서 떼어낼 수 없는 일부분이다.

그 힘을 활용하자. 신뢰하자. 그것은 앞서 말한 것처럼, 개인생활과 직장 생활을 불문하고 일상생활의 모든 측면에서 결정적인 중요성을 갖는 '무기'이다.

머리에 정보를 주자. 조용히 아이디어가 무르익기를 기다리자. '마스터 마인드'의 원리를 살리자. 그러면 너도 언젠가 토머스 에디슨이나 퀴리 부인의 옆자리로 초대될 것이다.

너는 내가 터무니없는 꿈을 꾸고 있다고 말하겠지. 정말 그렇다! 특히 금요일에는 몽상가가 되어보자꾸나!

– 몽상가로부터

# 부하 직원을 대하는 지혜

딸은 최근 우수한 부하 직원을 둘이나 잃었다. 아버지는 그들이 떠난 이유가 혹시 딸에게 있는 게 아니냐고 지적한 다음 유능한 부하 직원을 키우고 관리하는 방법에 대해 설명한다.

## 친애하는 고용인에게

물론 너는 판매 부문에서 마이크 알레스트가 떠난 것을 유감으로 생각하겠지. 그는 우수한 사원이었기 때문에, 나는 네가 판매 부문을 한층 발전시키는 데 그가 큰 힘이 되어 주리라고 기대하고 있었단다. 알레스트는 너의 팀 중에서도 쉽게 후임자를 찾기 힘들 만큼 유능한 직원이었다.

그러나 그 이상으로 마음에 걸리는 것은 네가 어째서 그와 같은 지극히 소중한 부하 직원을 잃었는가 하는 것이다. 바로 두 달 전에

캐시 파머가 나간 뒤라서 더욱 신경이 쓰인다. 비즈니스 세계에서 사람이 들어오고 나가는 것은 일상적인 일이지만, 이렇게 중요한 부하 직원이 갑자기 둘씩이나 떠나간다면 사정을 조사하여 그들이 떠난 이유를 조속히 알아보아야 할 필요가 있지 않을까 생각한다.

그 중에는 단지 생활의 터전을 바꿔보기 위해 직장을 옮기는 사람도 있다. 또한 성격이 불안정해서 한곳에 계속 머물지 못하는 사람도 있다. 이상적인, 꿈같은 직장을 찾는 것이 강박관념이 되어 있는 사람도 있을 것이다. 이 사람들은 어떤 회사에나 왔다갔다하는 '철새'로 회사에 엄청난 시간과 비용의 낭비를 초래하는 사람들이다. 그들이 떠날 때마다 그들을 대신할 인원을 모집하고, 면접해야 하며, 고용하여 다시 훈련시켜야 하기 때문이다. 그러나 사람이 직장을 옮기는 이유는 다른 데도 있다.

떠나는 사람이 우수한 사원이라면, 회사의 손실은 매우 크다. 귀중한 사원의 후임을 키우는 데는 단순한 방랑자의 뒤를 메우는 것보다 상당히 오랜 기간의 훈련과 실제 경험이 필요하기 때문이다.

판매부장으로서 너는 사원이 직장을 옮기는 이유를 전부 파악하고 있어야 한다. 그래야만 비로소 너는 사내에 있는 전직의 동기를 가능한 제거하고, 착실하며 신뢰할 수 있는 부하 직원이 곁에 있는 작업 환경을 유지할 수 있을 것이다. 너의 팀 구성원들이 네가 그들의 성장을 지원하고, 직장의 환경을 개선하고, 급여를 인상해주기 위해 최선을 다하고 있다는 것을 안다면, 너의 진영을 떠날 계기가 생기더라도 주저하겠지. 또한 우수한 관리직은 부하 직원들 사이에 들뜬 분위기나 권태감, 불만 등이 퍼지지 않도록 항상 관찰을 게을리 하지 않는다.

내 생각에는 일에 대한 충족감을 얻지 못하는 것이 전직의 동기가 되는 경우가 많다. 하루의 업무를 마친 후 충족감을 느낄 수 없다면 다음날의 업무에 흥미와 열의가 생길 수 없다. 이러한 상태로는 오래 근무할 수가 없다. 그러나 유능한 부하 직원은 상사를 통해 일의 충족감을 얻으려고 기다리지 않는다. 앞장서서 만족감을 얻으려 한다. 예컨대 회사의 미래를 생각해서 업무를 개선하기 위한 방법을 제안하고, 항상 최선을 다하고, 때로는 동료에게 도움의 손길을 뻗는 사소한 행위로도 만족감을 얻을 수 있다는 것을 알고 있기 때문이다. 우리 자신의 환경을 개선할 기회는 주변에 항상 존재하지만, 유감스럽게도 돌아보지 못하는 일이 종종 있다.

상사와 맞지 않아 직장을 옮기는 사람도 많다. 물론 너는 여러 면에서 완벽에 가깝다고 생각하지만, 너의 팀원 중에는 그렇게 생각하지 않는 사람도 있을지 모른다(실제로는 있을 수 없는 일이지만, 혹시라도 네가 사람들 위에 서기엔 부족하다고 생각하고 있을지도 모른다).

너에게 관리직의 역할에 대한 편지를 쓴 적이 있다. 최근 들어 퇴직자가 늘어나는 원인이 혹시 너 자신에게 있는 것은 아닌지 가능성을 고려하면서 그 편지를 다시 한 번 읽어보기 바란다. 양말 색깔이나 헤어스타일 때문에 상사를 싫어하는 경우와 불공평, 불신, 또는 약속 불이행 때문에 상사를 존경할 수 없는 경우는 전혀 사정이 다르다. 후자의 경우, 부하 직원은 상사와의 접촉을 회피할 것이고 유능한 사람들은 즉시 그의 곁에서 떠날 것이다.

부하 직원과의 의사소통에 항상 힘쓰도록 해라. 독심술로 부하 직원의 마음을 읽을 수는 없는 노릇이니, 몇 개월에 한번은 네 쪽에서 부하 직원에게 평상시 업무 방식에서 바꾸는 면이 낫다고 생각하는 점이나 개선해야 할 면이 있는지 물어보는 것이 좋겠다. 많은 우수한 인재가 불만을 토로하는 일 없이, 회사 측에 그들의 불만을 해소할 기회를 주지 않고 떠나가 버린다. 이보다 유감스러운 일은 없다. 고용하는 측에나 고용되는 측 모두에게 시간 낭비가 되기 때문이다.

우리 팀에서 이제는 완전히 고참이 된 한 사람은 일찍이 업무가 너무 힘들어 도저히 계속하지 못할 것 같다며 사표를 낸 적이 있단다. 해고되기보다는 자기가 먼저 그만두는 편이 낫다고 생각한 거겠지. 다행히 나는 사정을 듣고 그녀가 자기에게 부과된 책임에 관해 크게 착각을 하고 있음을 알았다. 회사가 기대한 것과 비교가 안 될 정도로 막중한 책임을 느끼고 있더구나. 그녀는 안심하고 내 방을 나갔고, 나도 상사로서 안도의 한숨을 쉬었지. 부하 직원 한 명을 잃지 않았기 때문이다. 그녀는 현재 우리 회사가 키운 가장 우수한 사원 중 한명이다.

때로는 팀의 한 구성원이 팀 전체한테서 미움을 받는 일이 있다. 그럴 때에는 이유를 조사해보도록 해라. 사소한 이유라면 미움 받는 당사자를 다른 부서로 옮겨주는 것만으로 문제는 쉽게 해결될 테니까. 그러나 원인이 심각하다면 다른 우수한 사원을 잃기 전에 당사자를 회사 밖으로 방출해라. 전에도 얘기했지만, 통 안에 섞여 있는 썩은 사과 한 개 때문에 순식간에 많은 사과들이 썩기 시작한단다.

일반적으로 젊은 사람, 특히 판매 부문의 사람들은 목표를 향해 정열적으로 돌진한다. 그러나 승진의 기미가 보이지 않으면 즉시 직장을 옮기려 하지. 그러니까 팀원 한 사람 한 사람의 성장 패턴을 정기적으로 관찰하고, 너의 작은 격려나 개인적인 지원으로 시정할 수 있는 불만을 조기에 발견하는 것이 중요하다. 누구나 자신은 달팽이

보다는 빠른 속도로 승진하고 있다고 생각해야 한다. 너의 팀 중에 그렇게 생각하지 않는 팀원이 몇 명 생겼을 경우에는 즉시 판매 부문 전체가 그 대가를 치르게 될 거다.

동료, 친구, 또는 업계의 다른 사람의 승진 소식에 현기증을 느낄 정도로 동요하는 젊은이도 있다. 그들은 순간적으로 자기는 다른 사람만큼 총명하지도, 용모가 준수하지도, 매력적이지도 않다고 생각하거나 다른 사람처럼 실적이 좋지 못한 것은 업무나 직장이 적성에 맞지 않기 때문이라고 생각한다. 정말 그럴 수도 있다. 그러나 그렇지 않은 경우에 너는 그들을 설득하여 기술, 지식, 열의, 노력, 그리고 충성심은 반드시 보상받는다는 것, 그러기 위해서는 때가 되어야 한다는 것, 그리고 예상이나 바람대로 전부 이루어지지는 않는다는 것을 이해시켜야 한단다.

승급의 유혹도 때로 직장을 옮기는 원인이 되지만, 유감스럽게도 반드시 옮겨간 곳에서 마음 편하게 일할 수 있는 것은 아니란다. 많은 사람들이 더 나은 보수를 받기 위해 다른 조건도 제대로 조사하지 않은 채 직장을 옮기는 실수를 범하고는 실망하곤 하지. 회사의 경영이 불안정하거나 상사가 폭군이거나 책임이 과중하거나, 개인적인 성장의 기회가 제한되어 있거나, 승급에 승격이 수반되지 않는 등 이유는 다양하다. 이러한 전직 후의 문제점에 관해서는 현재의 직장을 떠나고 나서가 아니라 떠나기 전에 조사해야 한다. 네 곁을 떠나려는 사람에게는 이러한 부분을 충분히 조사하도록 충고해라. 그리고 자신의 능력 수준을 냉정하게 평가하여 능력을 크게 웃돌거나 밑도는 직장에는 가지 말라고 충고해야 한다. 어느 경우이든 보수가 아무리 많아도 견디기 힘들어지는 시기가 오기 때문이다. 결과적으로 네 곁에 머무르게 되거나 떠나가게 되거나, 그것은 직업적인 진로에 관해 네가 부하 직원에게 해줄 수 있는 최선의 조언이다.

셰익스피어는 "우리는 자신이 무엇인지는 알고 있지만, 자신이 지금부터 무엇이 될지는 모른다."고 했다. 너는 팀원 한 사람 한 사람, 또는 팀 전체와 대화를 나누고 각자가 장래에 무엇이 되고 싶어 하는지를 잘 이해할 필요가 있다. 그렇게 하면 너는 회사 간부로서 동료 한 사람 한 사람에게, 너 자신에게, 그리고 회사에 최대의 이익을 가져올 수 있을 것이다. 우수한 부하 직원 전원이 평생 너를 지탱해 줄 것이라는 기대는 할 수 없다. 그러나 그들의 이익, 야심, 그리고 행복을 항상 배려한다면 대부분을 네 곁에 붙잡아둘 수 있을 것이다. 모든 것은 그들이 마음에 품는 생각에서 시작된다. 그것을 헤아리도록 해라.

나는 이제부터 2주일 정도, 북부의 숲으로 기다리고 기다리던 휴가를 떠난다. 돌아오면 마이크 알레스트의 멋진 후임자와 만날 수 있기를 기대한다. 그리고 그 이후에는 그다지 많은 후임자를 만나게 되지 않기를 바란다.

— 너의 고용주가

# 방심은 금물이다

딸은 친구의 회사가 도산하자 자신에게도 그런 일이 일어날지 모른다는 불안에 휩싸인다. 아버지는 도산은 비즈니스 세계에서 다반사로 일어나는 일이라고 말하고 그 예방책 몇 가지를 가르쳐준다.

사랑하는 줄리에게

도산은 결코 유쾌한 일이 아니므로 사업을 접어야 하는 네 친구의 일은 진심으로 유감스럽게 생각한다. 네가 그녀를 돕기 위해 최선을 다한 것을 알고 있단다. 아무리 애를 써도 허사였나 보구나. 이제 돌이킬 수 없는 듯하다.

요즘 네가 무엇을 생각하고 있는지 알고 있단다. 네가 경영하고 있는 우리 회사에도 똑같은 일이 생길지 모른다고 너는 두려워하고 있지. 그렇다면 각오를 해두는 편이 좋을 거다 그럴 가능성도 충분히 있으니까. 지금까지 몇 년 동안 순조롭게 성장해왔다고 해서 내일 곤란에 빠지지 말라는 법은 없잖니.

도산은 일상에서 다반사로 일어나니까. 그러나 훌륭한 회사는 항상 그러한 사태를 피하기 위해 예방 조치를 마련해둔단다. 결코 이를 게을리 해서는 안 된다.

우선 한 가지 강조해두고 싶구나. 네 친구에게도 얘기해주는 것이 좋겠다. 사업을 청산하는 일은 크게 수치스러운 일도 아니고, 최악의 사태도 아니다. 경영자에게 견디기 힘든 타격이라는 것은 의심할 바가 없으나 인명이 달린 문제도 아니고, 다만 수입을 잃은 것뿐이다. 도산에서 일어설 수는 있지만, 죽음에서 소생할 수는 없단다.

영원히 계속되는 사업은 현실 속에 존재하지 않는다는 사실을 처음으로 내게 깨닫게 해준 것은 피터 F. 드러커의 저서 『매니지먼트 : 과제, 책임, 실천』이다. 지금 그의 논거를 기억해낼 수는 없지만, 나의 사업 경험에 비추어 그의 주장이 여러 가지 이유로 옳다고 생각했다.

우선 현대 사회의 급속한 변화에 대응하려면 유연성을 가지고 대처하며 업계를 끊임없이 관찰할 필요가 있다. 내일까지 살아남고자 한다면, 변덕스런 시장의 기분이 변할 때마다 곧바로 소비자의 취향에 순응할 수 있는 토대가 마련돼야 한다. 또 한 가지. 회사에 때때로 치명상이 되는 것은 말할 필요도 없이 타사가 자사보다 우수한 상품과 서비스를 제공하는 일이다. 이 경우에도 곧장 반격에 나서지 않으면 내일의 번영을 기대하기 어렵다.

그러나 소비자의 취향 변화에 따라가지 못하거나 경쟁 회사에 대한 대응 조치가 마련되어 있지 않다고 해서 곧 사업이 기우는 것은 아니다. 그 밖에도 수많은 원인이 있는데, 내가 알기로는 오히려 기타의 원인들이 사업을 파멸로 내모는 주요 원인이 된다. 모든 것이 얽히고설켜 방만한 경영을 하게 되는데, 우리 업계에는 방만 경영을 하고 있는 회사가 부지기수이다. 방만 경영은 죄악과 동의어이다. 그 어느 것도 네 곁에 오래 머물지 않도록 조심해라.

우선 네 부하 직원에 관해 생각해보자. 항상 얘기하지만, 경영자로서 너의 가치는 네가 네 손으로 키운 팀의 가치를 통해 판단된다. 그 팀이야말로 회사를 파멸에서 지켜주는 기초적인 보증이란다. 그러나 유능한 팀을 키워 냈다고 해서 완전히 긴장을 풀고, 팀원 한 사람 한 사람에 대한 배려와 관찰을 게을리 해서는 안 된다. 사람은 변한다. 너의 팀원 대부분은 시간이 흐름에 따라 점점 유능해지고, 업무 수완을 발휘하며, 팀에 있어 없어선 안 될 존재가 될 것이다. 그러나 확률적으로 몇 명 정도는 뒤처져서 다른 팀원들의 부담이 될 것이다. 자신에게 주어진 책임을 완수하지 못하기 때문이다. 유감스럽게도 어제의 주인공 몇 명은 오늘 '과거의 인물'이 되는 것이다. 그 원인은 개인적인 문제일 수도 있고 술이나 도박인 경우도 많단다. 너는 증상이 심해지기 전에, 그리고 팀 전체의 문제가 되기 전에 매처럼 날카로운 눈으로 그 징후를 포착하지 않으면 안 된다.

경험 부족은 때로 유서 깊은 기업을 붕괴로 이끄는 법이다.

기업 세계에는 예기치 못한 굴곡이 수없이 많아, 평생 한 업계에서 일하면서 그 업계를 온갖 각도에서 연구하여도 이익을 내지 못하는 사람이 적지 않다. 회사를 세우는 일은 경험이 풍부한 사람에게도 마찬가지로 어렵다. 경험이 적거나 혹은 아예 경험이 없을 경우에는 더욱 큰 위험이 따른다.

사업의 확대 또한 위험한 시도이다. 사업 확대에 따르는 비용 전체를 지불할 만큼의 매상이 보증되거나 또는 예측한 매 사이 계획대로 실현되지 않더라도 꾸려나갈 만큼의 자금이 있는 경우 외에는 사업 확대에 나는 반대한다. 왜냐하면 내가 괴로움을 경험했기 때문이다. 내가 대규모 확장을 시도한 어떤 사업은 경영이 안정되고 착실히 이익을 내기까지 오랫동안 일촉즉발의 위험한 경영을 계속해야 했다(나는 경영의 위험 구역이라 불리는 상황을 철저히 경험했는데, 고맙게도 지금은 그것이 이야깃거리가 되고 있다).

비록 소규모의 확장이라도 공장 확대, 잉여 인원, 설비 증설, 차입금 증가 등에 따른 경비의 증대는 자산을 순식간에 탕진해버린다. 자금이 바닥을 드러낼 위험이 닥쳤을 때는 과감하게 행동해야 한다. 선택의 범위는 이미 한정되어 있다. 그중 하나는 어떻게든 손익분기점에 이를 때까지 매상을 올리는 것으로, 가능하다면 가장 좋은 방법이다. 고객과 연결되어 있는, 혹은 난관을 극복할 만큼의 자금력을 가진 투자가를 발견하는 것도 해결책이 된다. 또 하나는 사업에서 떼어낼 수 있는 부분을 경쟁 회사에 팔아 철수하는 것이다. 그리고 최후의 가장 비참하고도 괴로운 방법은 파산 수속이야 어찌 됐든 즉각 사업을 접어버리는 것이다.

이러한 선택에 맞서는 일은 생각보다 쉽지 않단다. 머리로는 진행해야 한다는 것을 알고 있지만 마음은 그만두고.

그러는 사이 은행원이 나타나 너를 몰아세우며 결심을 재촉하겠지. 은행원의 인내력도 한계에 도달했을 테니까.

다시 피터 F. 드러커의 저서로 돌아가면, 그는 우리에게 자신이 가장 잘 알고 있는 업계에 머무르라고 조언한다. 이 말에 주목해라. 한 사업 분야에서 성공하여 흥분한 나머지, 전혀 미지의 분야에 손을 뻗쳤다가 크게 엉덩방아를 찧는 사례는 너무나 흔하다. 그 이유는 아마도 내가 전에 말한 경험이라는 요소를 과소평가했거나 흘려들었기 때문이란다.

경영진이 무능한 회사가 파산하는 이유는 그 밖에도 많다. 부실한 계획, 인내력 부족, 우유부단, 품질 관리 소홀, 불성실한 고객 서비스, 납기 지연, 애매한 경영윤리, 가격 정책의 약점, 엉성한 시장 전략 등이 그것들이다.

그러나 여러 가지 의미에서 수치스러워할 필요가 없는 이유로 회사가 파산하는 일도 있다. 경영진의 힘이 전혀 미치지 않는 상황에서 사업을 접는 것은 불명예가 아니다. 예컨대 자동차가 시장에 등장할 당시의 마차용 채찍 제조업자를 상상해 보아라. 벌거숭이가 되기 전에 가게를 철수하는 것 외에 달리 선택의 여지가 있었을까(그러나 너라면 아마도 자동차 시장이 확립되기 전에 자동차용 전화를 만들고 있겠지).

사업가라는 것에 너의 직업적인 인생을 건다면 결코 방심은 금물이다. 사업가의 사전에 '방심'이란 없다. 회사가 제작한 업무 용지에 '창업 30주년'이라는 머리글을 인쇄하고 싶거든 더욱 철저해져라.


— 사랑을 담아 아버지가

# 자기 사업 시작하기

딸은 자신의 사업을 시작하고픈 열망에 사로잡혀 있다. 아버지는 사업을 시작하기 전에 갖춰야 할 사항들을 하나씩 짚어주고 결정을 내리는 데 신중을 기하라고 말한다.

## 의욕적인 사업가인 너에게

너는 요 몇 주간 네 사업을 시작하는 것에 관하여 내가 어떻게 생각하는지 명확한 의견을 끌어내려 하고 있구나. 내가 지금까지 애매한 답변밖에 하지 않은 것이 흥미가 없거나 별로 마음이 내키지 않아서라고 생각했을지 모르겠다. 그러나 전혀 그렇지 않다. 나는 여느 때처럼 네 말을 전부 듣고 나서 천천히 생각하고, 모든 논점을 음미한 후에 너와 이야기하고 싶었을 뿐이다. 그리고 여러 가지로 생각한 결과 떠오른 감상을 편지에 써서 너에게 전하는 것이 좋겠다고 판단했다.

어쨌든 너도 드디어 '자기 사업' 열기에 사로잡힌 것 같다. 언젠가는 그렇게 될 것이라고 나도 기대하고 있었단다. 자기 사업을 일으키는 사람들에게 공통되는 성향이 너에게도 잠재되어 있기 때문이다. 그러나 너도 알고 있듯이 그런 생각을 갖는 것과 그것을 행동으로 옮겨 성공하는 것은 전혀 별개이다.

대부분의 사람들이 자기 회사를 갖고 싶어하는 이유는 세 가지이다.

첫째는 돈을 벌어 거기에 수반되는 기쁨을 맛보고 싶기 때문이다. 성공한 사람이라고 칭송받는 것을 포함하여 말이다.

둘째는 타인의 지배를 받지 않아도 되기 때문이다.

셋째는 사업을 지휘할 때 느끼는 스릴과 흥분에 이끌리기 때문이다.

지금까지 네가 들려준 이야기로 판단하자면, 너를 자극하는 것은 이 세 가지 원인 전부인 듯하다. 너의 성향에 관하여 이러쿵저러쿵 이야기할 생각은 없다. 내가 이 길을 택한 것도 같은 이유에서이고 나의 경우는 매우 운이 좋았다. 너도 계획성과 결단력, 사려 깊음이 있다면 행운을 만날 것이다. 그러나 이 길에서 누구나가 행운을 만날 수는 없단다. 행운을 만나는 사람도, 실패를 거듭하다가 겨우겨우 행운을 잡는 것이다. 때문에 너는 반드시 다음 사항을 알아두기 바란다.

너는 큰 부를 쌓음으로써 세상 사람들로부터 성공한 사람이라고 인정받기를 원하고 있다. 물론 위세 좋은 실업가는 성공의 상징이다. 그러나 세상에는 그 이외의 성공자가 많다는 것을 잊지 말기 바란다. 그들의 첫째 목적은 성공의 기준으로서 부를 축적하는 것이 아니라 각자의 전문 분야에서 제1인자가 되는 것이다. 의사, 경찰관, 신념에 불타는 정치가, 예술가 등수를 세자면 한이 없다. 이 사람들의 위대함을 금전적 가치로 측정할 수는 없다. 네가 모범으로서 존경해야 할 삶의 방식 중에 이 사람들을 포함하는 것을 잊지 말도록 해라.

물론 너는 돈으로 행복을 살 수는 없다는 오랜 격언을 알고 있을 게다. 네 나이에 나는 그런 말을 들으면 그냥 웃어 넘겼다. 그로부터 몇 년이 지나 어느 정도 돈을 벌고, 쓰고 싶은 만큼 돈을 써본 지금, 이 격언은 복음이라고 확신을 갖고 말할 수 있다. 돈을 내더라도 타인의 존경을 얻을 수는 없다. 무조건적인 애정, 또는 하늘이 주신 건강은 돈으로 살 수 없다. 행복이란 그런 것임을 깨달은 것이다.

너는 스스로의 지배자가 되기를 바라며 자립하길 원하고 있다. 타인에게 지시를 받으면(특히 지도 방법이 서툴면) 의욕을 잃어버리는 경우가 많고, 사실 지도받지 않는 쪽이 훨씬 쾌적하고 능률도 오를 것이다. 그러나 자신의 사업을 일으켜, 자기 자신의 지배자가 되는 일은 많은 사람이 생각하는 것처럼 결코 좋은 일만은 아니다. 사업을 경영하려면 반드시 따라 다니는 성가신 은행가의 존재를 1년 내내, 그리고 하루 종일 등 뒤에 느껴야 하니까.

은행이 어떻든, 네가 돈을 벌고 싶어한다는 것과 스스로 배의 선장이 되고 싶어한다는 점은 분명하다. 그러므로 네가 지휘하기에 가장 알맞은 배가 어떤 것인가 그 판단을 해야 한다.

선택할 수 있는 배는 그야말로 몇백 종류나 되지만, 나는 조금이라도 경험이 있는 분야를 택하라고 권한다. 대부분의 업계에서는 오랜 노하우를 쌓아온 그 방면의 프로가 칼을 갈고 있다. 아마추어가 뛰어들어봤자 그들과 상대가 될 리 없다. 그들의 강점은 시행착오를 겪으면서 실패해도 살아남는 기술을 터득했다는 것이다.

새로운 분야를 개척하는 것은 칭송할 가치가 있다. 아무런 경험도 없이 신념만으로 꿈을 실현시킨 사람들에게는 다만 깊은 존경을 느낄 뿐이다. 그러나 그처럼 화려한 성공자 한 사람 뒤에 가려진 채 몇백 명이 실패의 길을 걷고 있는지 생각해 보거라. 따라서 경험도 없는 사업을 시작했지만 살아남은 사람은 학습시간을 충분히 가질 만큼 자금이 풍부했거나 아니면 대단한 행운이라고 생각해야 할 것이다.

"방대한 사업에 실패하는 것만큼 가혹한 지옥은 없다."고 존 키츠는 말했다. 네게 그런 지옥을 경험하게 하고 싶지는 않구나. 게다가 네게는 여분의 자금이 없다. 따라서 너는 '일대 결심'을 하기 전에 너 자신의 사업 경영에 관한 경험을 평가하고 나서, 그것을 최대한 살리는 사업 분야를 신중히 검토하도록 해라.

너는 내가 '목적을 향해 매진하기' 위해서 필요한 자신과 용기를 불어넣지는 못 할망정, 그 과정에서 만날지도 모르는 어려움만을 강조하고 있다고 생각할지도 모르겠다. 그러나 내 의도는 그게 아니다. 나는 다만 사업을 일으켰을 때에 부딪치게 되는 몇 가지 문제를 분명히 하여 네가 비즈니스의 가시밭 길을 잘 해쳐나갈 수 있도록 돕고 싶은 것이다. 그런 의미에서 지금부터 이야기하는 것이 유익한 판단의 기준이 되었으면 좋겠다.

돈을 벌기 위해서는 돈이 필요하다는 말은 너도 항상 듣고 있겠지. 분명히 그렇지만 방법은 여러 가지가 있다. 천만 달러의 자금이 있다면 1년에 백만 달러를 만드는 일은 어렵지 않다. 10퍼센트의 이자가 확실한 공채를 사면 된다. 그러나 투자를 통해 안정적으로 10퍼센트 이상의 이익을 올리고자 하는 것이 너의 당면한 문제이며 바람이자

도전이다. 그것을 최소한의 리스크로 실행하려면 어떻게 해야 할까.

먼저 네 자신을 파산의 위험에 노출시키지 않는 한도 내에서 새로운 사업에 얼마나 투자할 수 있을지 그 정확한 숫자를 파악해야 한다. 바꿔 말하면, 잃어도 문제가 되지 않을 정도의 액수만 투자하는 것이다. 매우 보수적인 경험 법칙이지만 여기에 따르면 틀림없다. 새로운 시도에 재투자하는 자본을 서서히, 그리고 착실히 늘려감으로써 작은 회사를 크게, 더 크게 키운 예는 수없이 많다. 그러나 기본 원칙은 최선을 다해서 짜낸 계획에 차질이 생기더라도 자금 문제를 수습할 수 없는 상황에 자신을 빠뜨리지 않는 것이다(100퍼센트 확실한 계획이라도 빗나가는 일이 있다. 내 경험에 비추어 보아도 그렇다).

혼자서는 버겁지만 놓치기는 아까운 투자 기회가 찾아오는 경우에는 금전의 리스크를 공동으로 부담해줄 공동 출자자를 찾아야 한다. 이것은 일부 실업가에게는 좀처럼 배우기 힘든 교훈인 듯하다.

그 다음으로 할 일은 시장조사이다. 철저한 시장조사로 검증하지 않고서 새로운 서비스나 제품을 위해 자금을 투입해서는 안 된다. 사업을 시작하기 전에 정확한 시장분석을 행하지 않는 자칭 경영자로 인해 업계에서 낭비되는 돈은 엄청난 액수에 달한다. 신상품의 광고, 포장, 가격에 관한 시장조사나 소비자의 반응에 대한 조사는 보통 적당한 비용으로 진행할 수 있다. 대규모의 활동을 개시하기 전에 이 방법으로 너의 시장 전략과 제품의 가능성을 철저히 확인하도록 해라. 그렇지 않으면 우리 늙은 경영자들이 '에드셀'이라 부르는 사태를 맞이할 것이다. 이 말은 1960년경, 포드가 출시한 새로운 자동차가 무참한 실패로 끝나 이 세계적인 대기업이 경제적인 타격과 불명예를 얻은 일에서 유래한 말이다. 시장조사가 불충분했던 점이 주요 원인이었다. 이는 숙제를 게을리 한 회사의 전형적인 예로서, 소비자의 '고동 소리를 듣고' 그들의 취향을 정확히 읽어내려고 하지 않은 것이다.

너는 이미 깨달았을 것이다. 네가 흥분과 모험을 즐기기 위해 자신의 사업을 경영하고 싶어 한다면, 그 바람은 넘치도록 채워질 것임에 틀림없다. 너의 배후에 눈에 보이지 않는 룰렛 판이 끊임없이 회전하고 있고, 네 칩의 대부분이 매일 그것을 타고 돈다는 것을 알게 되겠지. 새로운 사업에 자기 자본뿐만 아니라 타인에게 빌린 돈까지 쏟아 붙는다면, 도박판은 더욱 커진다. 돈을 빌려준 사람은 너의 개인보증을 요구할 테고, 사업이 실패할 경우에는 우선 너를 빈털터리로 만들려 할 것이기 때문이다.

불안하다고? 만일 네가 '리스크'라 불리는 벼랑 끝에서 살아갈 수 없는 체질이라면 그럴지도 모르겠다. 무섭다고? 두렵다고? 물론 그렇지만, 그렇기 때문에 모험이라고 부르는 것이다. 네 할머니가 살아계셨다면 이렇게 한마디 하셨을 것이다.

"호랑이 굴에 들어가지 않으면 호랑이 새끼를 잡을 수 없다."

나도 동감하지만 조건을 하나 붙이고 싶다. 행동에 옮기기 전 재무적인 위기에 대비하여 뭔가 예방 조치를 해두도록 해라. 전부를 걸지 않으면 큰 내기에서 이길 수 없다고 말하는 사람도 있다. 그런 길도 있겠지만, 나는 결코 그 길을 택하지 않는다. 내가 선호하는 방식은 잃어버려도 치명상을 입지 않을 만큼의 여유가 있는 착실한 투자이다. 이러한 경영 방침으로도 나는 충분히, 때로는 넘치도록 모험을 해왔다.

너와는 종종 근면함에 대하여 얘기를 나눠 왔다. 일부 의사를 제외하면, 오너 경영자만큼 장시간 근면하게 일하는 사람이 없다. 경영자가 되었다고 주 40시간 노동, 연간 4, 5주의 휴가를 당연하게 여길 수는 없다. 적어도 성공의 여신이 너의 창문에 영원히 둥지를 틀기 전에는.

조직의 총괄을 위해서는 경험, 조사, 관리, 납기, 정부 검사관, 소비자, 은행가, 자존심, 세금, 거래처, 그리고 사원까지 잡다한 요소를 조합하여 너의 경영 방침이나 절차에 맞추어야 한다. 그것은 앞서 얘기한 '벼랑 끝'에서 살아가야 한다는 의미이다. 뭔가 심각한 문제가 발생해 이익이 날아가 버리지 않을까 하는 불안에서 해방될 수 있는 시간은 좀처럼 없다. 그것이 비즈니스 세계이다. 산적한 일들을 극단적인 중압감을 이겨내며 처리하지 않으면 안 된다. 이렇게 혹독한 경마 같은 세상에 뭐 하러 뛰어들었을까 하고 자문하는 때도 있을 것이다. 바로 그런 세계이다. 너는 매일 경주마에 필적하는 속도로 달리지 않으면 안 된다.

너는 언제나 근면했다. 그 점에 관해서는 의문의 여지가 없다. 그러므로 돈벌이와 행복 추구를 조화시키기를 바랄 뿐이다. 이 두 가지를 혼동하거나 착각하지 말도록 해라. 원하는 것은 뭐든지 살 수 있을 정도의 부는 확실히 사람을 취하게 한다. 그러나 그만큼의 재산을 쌓아도, 그러는 사이 자기 자신의 건강과 긍지, 그리고 가족과 친구를 돌아볼 여유가 없었다면 그 행복은 언제든지 사라져버릴 수 있는 것이며 얄팍한 것이 되기 십상이다. 그래서는 성공한 사람이라고 할 수 없다. 버나드 쇼는 다음과 같이 말했다.

"사람은 항상 이렇게 된 것은 환경 탓이라고들 한다. 나는 환경 따위는 믿지 않는다. 이 세상에서 성공을 거두기 위해서는 일어서서 자신이 바라는 환경을 찾아야 한다. 만일 발견되지 않는다면 만들어 내야 한다."

세상에는 오로지 안정된 환경만을 추구하는 사람도 있다. 평범한 직장에 다니며, 조용히 살고 싶다고 생각하는 것이다.

그러나 너는 다르다. 도전, 모험, 리스크를 원한다. 그리고 그것들에 대항할 용기가 있다. 너는 실패하면 어쩌지 하고 고민하는 타입은 아니다. 다음 주 화요일에 시간이 있다면 네 생각에 관해 천천히 이야기를 나누자꾸나.

혹시 해서 미리 말해두지만, 지금 너의 일터를 가볍게 떠나도록 둘 수는 없다. 우리 회사에서 너의 가치는 헤아릴 수 없을 정도이기 때문이다. 그러나 개인적인 감정은 개입시키지 않을 것을 약속하겠다. 우리 회사에 꼭 머물러주면 좋겠지만 네가 버나드 쇼가 말하는 환경을 '찾거나 만들어내는' 것을 억누르거나 방해할 마음은 없단다.

－ 사랑을 담아 조지가

# 전문가의 의견을 듣자

딸은 회사에 새로운 컴퓨터 프로그램을 도입하려고 한다. 컴퓨터에 대한 지식 부족으로 곤란을 느끼는 딸에게 아버지는 전문가의 조언에 귀 기울이라고 말한다.

## 사랑하는 줄리에게

오늘 아침 너와 얘기를 나누고서 오늘 밤 이렇게 펜을 들게 되었단다. 너희 회사에 고도의 컴퓨터 프로그램을 도입한다는 계획에 관해서는 분명히 신중하게 고려하고 검토할 필요가 있다. 컴퓨터를 도입한 결과 복잡한 상황에 빠져, 차라리 죽는 편이 낫겠다고 생각할 정도로 호된 경험을 한 경영자가 셀 수 없이 많단다. 모두 컴퓨터의 도입을 간단하게 생각하지만 실제로는 상당히 어려운 일이다.

너는 컴퓨터에 대한 지식이 거의 없기 때문에 이 새로운 계획에 불안을 느끼고 있을 것이다. 그 사실을 부끄러워할 필요는 없다. 이 부분에 관해서는 다른 경영자도 대부분 너 이상으로 무지하다. 많은 경영자가 너와 크게 다른 점은 너처럼 미리 경험이 풍부한 외부 전문가의 조언을 구하려 하지 않고 컴퓨터 회사에서 보내온 몇몇 기술자의 조언만 믿고 도입 프로젝트를 추진하려 한다는 것이다. 나는 너의 탁월한 판단을 칭찬해주고 싶다. 너나 너의 부하 직원들도 자력으로 이러한 고가의 설비 구입을 계획하고, 그 실시를 감독할 수 있을 만큼 컴퓨터에 정통하지는 못하다는 너의 판단이 옳다. 이 판단 덕분에 너는 산적한 두통의 씨앗과 욕구 불만, 그리고 시간 낭비를 줄일 수 있게 되었다.

나는 고도로 세련된 컴퓨터 프로그램의 기능에 관해서는 거의 모르지만, 많은 동료들로부터 한결같이 컴퓨터를 도입한 초기에는 눈물이 날 정도로 힘들었다는 말을 들었다. 그리고 그런 이야기가 나올 때마다 컴퓨터 도입 계획을 구상하고 있다면 먼저 컨설턴트를 고용하라는 충고를 받았다. 드디어 그 계획이 실행 단계에 접어든 지금, 내가 너에게 할 수 있는 말은 충고에 따라 컨설턴트를 고용하라는 것이다.

우리에게는 이 계획을 위해 어느 회사와 계약을 맺는 것이 최선인가, 어떤 프로그램을 사용해야 하는가, 그러기 위해 어떠한 장치를 구입해야 하는가 하는 세 가지 질문에 명확한 답을 끌어낼 수 있도록 조언해주는, 이 분야에서 정평이 난 전문가가 필요하다. 그런 전문가는 어떻게 찾아야 할까? 세상에는 컨설턴트가 많다. 정규 직업을 얻지 못해서 컨설턴트를 하고 있는 사람도 있다(심하게 들릴지도 모르지만 그것이 현실이다). 그러니 나는 앞서 말한 충고를 해준 동료들에게 묻는 것이 확실한 사람을 구하는 가장 좋은 방법이라고 생각한다. 이 사람들에게 전화를 걸어 너의 입장을 설명하고 누군가 추천해줄 수 있는지 물어보는 것이 좋겠다. 모두 이 문제에 관한 한 나름대로의 경험자이기 때문에 수많은 컨설턴트 중에서 누가 도움이 되고, 누가 도움이 안 되는지를 알고 있을 것이다.

소개받은 컨설턴트들을 직접 한 사람씩 만나 컴퓨터의 도입이 가져오는 능률 개선에 관한 네 생각을 명확히 설명하도록 해라. 네 회사를 위해 일할 의욕이 있는 컨설턴트라면 그 프로젝트를 어떻게 진행할 것인지, 그 계획의 개요를 너에게 제출하겠다고 할 것이다. 이 단계에서 너는 각 컨설턴트에게 그의 서비스에 만족하고 있는 고객을 네댓 명쯤 소개해달라고 요구해야 한다. 자존심이 높은 사람은 이런 요구에 개인적으로 모욕당했다고 느끼며 화를 낼지도 모른다. 신경 쓸 필요 없다. 그런 사람은 목록에서 지우고, 너의 요구에 기꺼이 응하는 사람 중에서 적임자를 찾도록 해라. 사과할 필요는 전혀 없다. 신원을 확인하는 것은 매우 바람직한 습관이다.

컨설턴트 선발이 끝나면 회의에 회의를 거듭하여 컴퓨터 회사를 비교 검토하고, 각 회사들의 제안을 검토하고 가격 교섭과 작업 일정을 설정해야 한다.

경영에는 컴퓨터 프로그램의 선택 외에도 외부 전문가의 도움을 필요로 하는 복잡한 문제가 많이 있다. 나는 지금까지 생산 능률의 개선, 사내 의사소통 개선, 판매부문 재편, 광고 캠페인 재검토, 노동조합과의 교섭, 그리고 법인세 대책을 염두에 둔 재무 계획의 작성 등을 지원해주는 컨설턴트를 고용하고 있다. 회사 경영의 거의 모든 분야에 지원을 부탁할 수 있는, 경험이 풍부한 전문가가 있다. 컨설턴트를 고용하는 일이 나의 위궤양을 진정시키는 최선의 치료법이 된 경우가 한두 번이 아니다.

외부의 지원을 구하기에는 자존심이 지나치게 세든지, 구할 마음은 있어도 비용이 든다는 이유로 컨설턴트를 쓰지 않으려는 경영자가 많다. 네가 이번 건에서 그런 이유로 판단을 잘못 내리지 않은 데 대해서 경의를 표하고 싶다. 놀랄 만큼 많은 경영자가 온갖 문제를 자력으로 해결할 수 있거나 혹은 새로운 시도를 자력으로 수행할 수 있다고 믿다가 사태를 악화시키고, 마침내 자신과 회사를 궁지에 빠뜨리고 만다. 이러한 경영자를 보고 있으면 조마조마해서 견딜 수가 없다. 그러나 2 더하기 2는 4라는 판단조차 누군가의 도움을 필요로 하는 사람도 곤란하다. 우수한 경영자는 어느 정도의 전문 지식을 갖고 있지만, 필요에 따라 새로운 분야의 지식을 익힐 수 있는 능력을 갖추고 있어야 한다. 그 외에는 상식과 올바른 판단력만 있으면 언제 어떤 상황에서 외부의 지원을 구하는 것이 새로운 정책을 성공시키고 당면한 문제를 해결하는 건전하고 경제적인 방법인가를 알 수 있을 것이다.

컨설턴트를 고용할 정도로는 현명하면서도 그 값비싼 조언을 실행에 옮기는 재치나 도량이 결여된 경영자도 많다. 때문에 많은 컨설턴트의 우수한 보고서가 상급 간부의 책상 서랍에서 햇빛을 보지 못하고 먼지를 뒤집어쓰고 있다. 그렇다고 내가 흔들림 없는 신뢰로 조언자의 제언을 뭐든지 다 수용하고 실행하라고 말하는 것은 아니다. 권고의 건전함을 확신하고, 반드시 실행에 옮기고 싶다고 생각하게 될 때까지 여러가지 측면에서 질문하고, 토론하며, 검토를 거듭하도록 해라.

컨설턴트에게는 처음부터 너를 지원하는 데 도움이 될 만한 정보를 가능한 한 많이 제공하는 게 좋다. 그렇지 않으면 그 임무는 어려워지며 쓸데없이 시간만 더 걸릴 테니까. 그 대가는 시간 면에서나 비용 면에서 너에게 되돌아올 게다.

우수한 컨설턴트는 당면한 문제를 둘러싼 사실은 물론 그 문제에 관련된 사람들의 성격을 간파하는 능력을 소유하고 있으며 거만한 태도는 일체 보이지 않고 조언할 수 있다. 그리고 의뢰인이 그들의 제안을 수용한다고 확신할 때 비로소 보수에 상응하는 일을 했다고 생각한다.

너는 회사를 위해 중대한 계획에 착수했다. 적절한 조언은 예정과 예산대로 계획이 진행되어 전 사원에게 이익이 돌아가도록 하는 데에 도움이 된다. 그러기 위해서는 컨설턴트와 매일 긴밀하게 연락을 취하면서 정보를 자유롭게 교환하고, 조언을 순수하게 수용하는 넓은 마음을 갖지 않으면 안 된다. 그 밖의 문제는 모두 너의 상식으로 처리할 수 있을 것이다. 네가 풍부한 상식의 소유자라는 점은 나도 알고 있다.

나는 최첨단 컴퓨터 프로그램에 관해서는 거의 아는 바가 없지만, 비즈니스 분야에는 상당히 박식한 편이다. 그 분야의 상담이라면 나의 문은 너를 위해 언제나 열려 있다. 컨설팅 비용이 얼마냐고? 내가 좋아하는 레스토랑에서 가끔 점심식사를 함께하는 정도면 된단다.

— 너의 컨설턴트가

# 남편의 시간
# 그리고 아내의 시간

딸은 회사 업무 때문에 머리가 꽉 차서 남편과 아이들에게 소홀히 대한다. 아버지는 배우자, 자식, 그리고 일을 포함하여 어느 하나에 시간 전체를 쏟아 붓지 말라고 당부하며 가족을 위해 업무시간을 줄이는 것은 쉽지 않은 일이지만 그만큼 가치 있는 일이라고 충고한다.

### 사랑하는 딸에게

지난주 토요일 너희 집에 들렀을 때는 너와 만나지 못해 유감이었단다. 네가 최근의 토요일뿐만 아니라 대부분의 토요일을, 그리고 일요일 밤까지 곧잘 직장에서 지낸다고 네 남편이 말했을 때, 그 목소리는 나를 더욱 유감스럽게 했다. 너의 남편은 가정과 가족에 대한 책임을 너와 평등하게 나눈다고 생각한다 하더라도, 지금껏 결코 평등하다고 할 수 없는 부담이 그에게 돌아가고 있었다는 것은 천재가 아니라도 짐작할 수 있다. 이것이 첫 번째 문제란다.

두 번째 문제는 최근 너와 두 번 정도 식사를 했을 때, 네가 종업원에게 무뚝뚝하고 거친 태도를 보인 점이다. 예의 바르고 남을 배려하는 평소의 너와는 너무나 달랐다. 너의 지성을 깎아내릴 생각은 털끝만큼도 없지만, 내 생각에는 이 두 가지 모두가 사소한 문제로 보이지 않는구나. 만일 그것이 회사업무 때문에 머리가 꽉 차서 일상생활 속에서 다해야 할 다른 책임과 주위 사람들의 감정, 욕구에 무신경해져 있음을 보여주는 것이라면 정말 중대한 문제라고 생각된다.

나는 단순히 네 아버지로서가 아니라 후회의 괴로움을 아는 사람으로서 위험 신호에는 주의해야 한다고 진심으로 충고한다. 한발 물러나 멈춰 서서 보아라. 사정을 자세히 조사해보도록 하자.

너는 점점 더 일에 많은 시간을 빼앗기고 있다. 이런 경우는 일반적인 것인데, 특히 네가 몸담고 있는 판매와 마케팅이라는 '무제한적인' 분야에서는 그런 경향이 강하다. 분명히 나는 평상시에 승진하기 위해서는 근면하게 일해야 한다고 권장해왔다. 그러나 동시에 '생활의 균형을 유지하는' 일의 중요성도 말해왔다. 너의 생활은 균형이 유지되고 있을까? 혹시 너는 일에 푹 빠진 나머지, 무의식중에 가족의 호의에, 특히 네 남편의 지원, 협력, 그리고 애정에 지나치게 응석부리고 있는 것은 아닐까? 성공도, 지식도, 그리고 경험도 이러한 잘못으로부터 너를 지켜주지 못할 것이다. 누구나 처음에는 현명하게 피해나가겠다고 단언했던 함정에 빠지곤 한단다.

예전에 잘 아는 젊은 순경이 형사로 승진했을 때, 처음에는 모두들 기뻐했다. 본인도, 그 아내도, 이 승진이 가족에게 줄 다양한 고

통과 일상생활의 혼란을 예상하지 못했지. 그러나 헌신적으로 직무에 임한 결과, 그는 쉴 새 없이 일해야 했다. 가족과 식사 중에도, 하키연습 중에도, 학교 행사에 참석했을 때에도, 아이들과 부모님 댁을 방문했을 때에도, 아이들에게 자장가를 들려주는 순간에도, 그는 즉시 사건 현장으로 달려가지 않으면 안 되었다.

아이들과의 약속은 줄줄이 어겨야 했다. 어린 두 아들은 아버지가 왜 자기들과의 약속보다 다른 약속을 우선시하는지 이해하지 못했단다. '아버지를 믿는 일'은 그들에게 거의 무의미한 일이었고, 머지않아 "아버지는 언제 돌아오느냐?"는 질문이 "아버지는 이제 함께 살지 않느냐?"는 질문으로 변했다. 이윽고 아이들은 더 이상 아버지에 관해 묻지도 않게 되었다. 아내는 남편의 행동이 아이들의 심리에 미칠 영향이 염려되어 남편에게 근무시간이 정해진 직무에 배치되도록 해보라고 부탁했다. 그러나 남편은 듣지 않았다. 그는 나름대로 가족을 부양하기 위해 최선을 다하고 있다고 생각했고, 필요에 따라 아버지의 '대리역'을 맡는 것은 아내의 임무이며, 그렇게 하면 만사가 원만히 해결될 것이라고 믿었다.

아내는 납득할 수 없었다. 그리고 성장기 아이들에게는 악영향을 미치는 현재의 가정환경보다 안정된 모자가정이 차라리 낫다고 생각하고, 아이들을 데리고 집을 나가겠다고 했다.

다행히 부인은 집을 나가지 않고 좋은 쪽으로 결론이 났다. 어떤 직업이든 일이 바쁘다는 핑계로 가정을 완전히 버리는 사람은 많지 않다. 아버지는 같은 경찰서 내에서 직무를 바꿨다. 지금도 이 가정은 가정의 평화와 협력과 안정을 무엇보다 소중히 하고 있단다.

그러나 이렇게 문제가 해결되기까지 가족 전원이 오랜 혼란과 위기 상황을 견뎌내야 했던 것은 역시 안타까운 일이다.

만일 지금 똑같은, 혹은 새로운 문제가 발생한다면 부부가 이미 충분한 지식과 경험을 쌓았기 때문에, 잘 대처할 수 있을 것이다. 이미 배운 인생의 지혜를 60세가 되기 전에 사용하지 말란 법은 없다. 가끔 음악을 중단하지 않으면 다시 시작되는 아름다운 음악을 들을 수 없다. 잠시 음악을 중단하고 네가 인생에서 가장 소중히 여기는 것에 관해 생각해보렴.

그리고 가장 소중한 것에 가장 신경을 쓰고 있는지 생각해보도록 해라.

말 꺼낸 김에 이 문제를 끝까지 파헤쳐 두세 가지 의견을 제시하고자 한다. 네 남편은 최근에 계속 자신의 시간을 너의 형편에 맞추고 있다. 그리고 네가 회사 업무를 하고 있는 동안 아이를 돌보고 가사의 80퍼센트를 담당하고 있다. 다른 특별한 이유가 있을 경우에, 좋은 반려자는 '2인분의 책임'을 기꺼이 수행해낸다. 그럴 때에는 일반적으로 무조건, 기꺼이 상대방을 대신하고 서로 입장이 바뀌었어도 마찬가지라고 생각한다. 그것이 '나누어 가진다'는 배려이며, 결혼 생활이란 그런 것이다. 그러나 아내를 또는 남편을 아무리 사랑하더라도 불공평한 책임 분담을 영원히 떠맡을 배우자는 없을 것이다. 만일 네가 네 남편은 그것을 기꺼이 떠 맡아줄 것이라 생각하고 있다면 그건 너의 착각이다.

배우자, 자식, 그리고 일을 포함하여, 뭐든지 어느 하나에 너의 시간 전체를 쏟아 부어서는 안 된다. 100퍼센트를 받은 사람도 분명 더 욕심을 낼 것이다. 반드시 더 줄 수 있는 여력을 남겨두도록 해라. 만일 네가 습관적으로 매일 한밤중까지 일하고 토요일에도 일한다면, 결국 그것이 너의 '일'이 되어버리고 만다. 특별한 노력이라고 인정받지 못하고 당연한 것이 되어, 너의 '이미지'를 손상시키지 않고는 근무시간을 조절하는 것조차 어려워진다. 이것은 만회되지 않는다. 희생이 너무 큰 경우, 그 보수가 주는 만족감은 초콜릿 케이크가 주는 만족감 정도일 뿐이다. 다 먹은 순간, 왜 먹었는지 알 수 없게 된다. 그러나 몇 파운드의 체중 초과는 엄연한 사실로 남으며, 그 대가를 치르지 않으면 안 된다.

나는 너에게 중요한 중역회의를 열 것을 권한다. 남편과 아이들과 '균형의 재조정'에 관하여 이야기를 나누는 것이다. 나는 네가 당장이라도 예전처럼 '교대'로 아이들을 재우거나 유치원에 마중을 가고, 치과와 피아노 레슨에 데려가주기를 기대한다. 그리고 1주일에 한 번은 남편과 밤의 외출을 즐기며, 친구나 가족과 어울리는 기회도 빈번히 갖게 되기를 기대한다.

업무시간을 그렇게까지 줄이는 것은 말처럼 쉽지 않다고는 말하겠지. 당연하다. 그러나 그만큼의 가치가 있는 일이라고 거듭 얘기할 필요가 있을까.

— 참견자가

# 자금을 조달하는 방법

딸은 마케팅 부문 중역으로서 사업 확장에 대한 보고서를 작성한다. 아버지는 딸의 보고서가 치밀하다고 칭찬하고, 이 계획을 실현하기 위해 첫 번째로 해야 할 일은 은행에서 대출을 받아내는 것이라고 말한다. 20여 년 간 이런 일을 해온 아버지는 딸에게 실제적인 교훈을 들려준다.

## 자금 차입을 고려하고 있는 너에게

너는 마케팅 담당 중역으로서 우리 회사 화학 부문의 확장이 바람직하다는 이유를 명시한 멋진 보고서를 제출하였다. 너의 시장분석은 논리적으로 분명하고 빈틈이 없으며, 예측도 타당하고 현실적이더구나. 은행이 이 확장 계획에 필요한 기금을 제공하기 위해 금고문을 열 것인지 말 것인지는 분명히 이렇게 주도면밀히 준비된 조사

보고서에 달렸다.

네가 이 보고서를 준비하고 있는 동안, 나는 다른 사람들에게 중요한 자료를 몇 가지 준비하도록 했다. 은행은 '숫자'라 불리는 특별한 언어를 사용한다. 유능한 회계사가 보수 이상의 일을 하는 것은 이 분야이다. 회계사는 우리 계획의 모든 것, 즉 필요한 생산 설비의 비용, 부수적인 생산비, 고정비용의 증가분, 확장 후의 예측 매상고, 새로운 판매비, 광고비, 향후 3년에서 5년 사이의 예상 이익, 이 신규 사업에 필요한 차입금, 이자, 그리고 우리가 제안하는 변제 기간 등 모든 것을 수치화한다. 그렇게 함으로써 비로소 은행은 우리가 제안하는 투자 계획의 재무 측면을 쉽게 이해할 수 있게 된다. 이 외에도 사업주나 경영진에 관한 관계 서류, 회사 연혁, 덧붙여 회사의 현재 조직도까지 구비해야 한다.

나는 지금까지 회사를 위한 것이라고 확신하고 제안한 프로젝트에서 보고서의 데이터가 불충분했던 탓에 융자를 거절당한 일이 몇 차례 있는데, 반대로 정말 엉성한 계획이 단번에 통과된 일도 있었다(그러나 이 계획은 준비 부족으로 인해 비참한 실패로 끝났다. 나는 그때 은행이 융자를 거절해주었으면 좋았을 것이라며 분해 했다. 아마 상대도 분명히 그랬겠지).

최근에 나와 친한 은행가에게서, 그 당시의 우리처럼 변변히 준비도 안 하고 융자를 부탁하러 오는 사람이 놀랄 만큼 많다는 얘기를 들었다. 활기와 정력, 열의에 넘치지만 그것뿐이다.

융자를 부탁하려면 몇 가지 원칙을 지켜야 한다. 첫째는 건전하고 현실적인 사업 계획이라는 점을 명심하고 잊지 말아라.

지금 우리의 사업 계획은 어느 은행에 보여줘도 부끄럽지 않을 만큼 잘 준비되어 있다고 믿고 있다.

다음 과제는 은행의 선택이다. 어떤 은행이 우리의 융자의뢰에 응해줄 것인지는 우리의 계획에 수반되는 위험성의 정도에 따라 정해진다. 이러한 계획에는 항상 어느 정도의 위험이 따르는 법이다. 금융의 세계에는 다종 다양한 자금원이 있다.

차입의 비결은 이 중에서 우리의 필요에 가장 잘 맞는 자금원을 선택하는 것이다. 우선 은행이 있다. 은행은 대출금에 이자를 청구하고 일정 기간 내에 원금의 변제를 요구한다. 보통 은행이 부담하는 위험의 정도는 다른 금융기관과 비교할 때 가장 적은 편이다. 제2의 자금원은 최근 종종 '벤처 캐피탈'이라는 이름으로 등장한다. 벤처 캐피탈은 보통 비교적 높은 이자와 회사의 지분 일부를 요구한다. 그리고 제3의 자금원은 친척, 친구, 지방의 유지, 혹은 다른 사업주와 합의를 통해 차입을 하는 것이다. 금융기관이 위험이 지나치게 크다는 이유로 융자를 거부하는 경우에는 이 방법에 의존할 수밖에 없다. 이런 개인적인 자금원은 기발한 아이디어만 있을 뿐 이렇다 할 자산이 없는 사람들에게 열린 유일한 길로, 이렇게 출발하여 백만장자가 된 사람도 많다. 그러나 비슷하게 출발했으면서도 결국은 빈털터리가 되어 출자자에게까지 피해를 준 예도 많다.

내 경험으로 말하자면, 우선 우리가 친하게 지내고 있는 은행에 상담해야 할 것이다. 은행가는 힘닿는 데까지 여러 가지 면에서 우리를 지원해줄 것이다. 그의 전문적인 조언의 가치는 크다. 그는 우리가 의뢰한 융자 조건에는 그대로 응할 수 없지만, 우리의 계획을 검토하는 데 충분한 시간을 준다면 필요한 자금을 그의 은행에서 빌릴 수 있는 방법을 몇 가지 제안해줄 것이다. 그리고 도저히 융통의 여지가 없는 경우에는 융자해줄 법한 대출기관, 예컨대 벤처 캐피탈을 두세 군데 소개해줄 것이다. 경우에 따라서는 그의 은행과 벤처 캐피탈, 혹은 그 외의 대출기관과의 협조 융자를 제안할지도 모른다.

내가 여기서 다시 강조하고 싶은 것은 차입을 위한 교섭을 성사시키기 위해서는 시간을 충분히 들여야 한다는 점이다. 의식적이든 무의식적이든, 우선 금방 교섭에 응해줄 것이라고 기대하고 즉각적인 대답을 요구함으로써 대출기관을 닥달하는 실수를 범하는 사람이 많은데, 그래서는 가장 유익한 협력을 이끌어낼 수가 없다.

그 외에도 조금만 주의하면 쉽게 피할 수 있는 실수를 몇 가지 소개하자. 예컨대 금융기관과 교섭할 때에는 모르는 대출 담당자에게 직접 전화를 해서 만나달라고 하기보다는, 대출 담당자를 잘 아는 사람에게 소개받도록 해라. 그렇게 하면 융자 교섭을 상당히 온화한 분위기에서 시작할 수가 있다.

나와 친한 은행가는 최근 만났을 때 매우 화가 나 있었다. 어떤 바보가 30분이면 결론이 날 얄팍한 거래를 두 시간이나 끌었다는 것이었다. 융자를 받으러 온 이 남자는 은행가의 관심을 끌기 위해 시장 상인에서 수상에 이르기까지 한 번이라도 옷깃을 스친 적이 있는 유명인의 이름을 하나도 빠짐없이 열거한 것이다. 교섭은 성사되지 않았다. 사실 이 남자의 배는 항구를 나와 15분 만에 침몰해 있었다고 은행가는 내막을 들려주었다.

헛된 잔재주, 즉 뇌물, 식사 접대 등은 유명인의 이름을 들먹이는 것과 마찬가지로 융자를 받는 데 아무런 효과도 없다.

금융기관의 간부에게 환심을 사려는 시도는 어리석다. 그들은 정해진 기준에 따라 융자 여부를 결정한다. 이 기준을 꺾거나 내려달라고 부탁하는 것은 거절당할 경우에나 수용되는 경우에나 스스로 화를 초래하는 것이다. 거절당하면 그때까지 네가 쌓아둔 신용을 영원히 잃게 된다. 수용되면 그 간부가 해고를 당함과 동시에 네 신용을 잃게 된다.

사업가가 거래를 해야 할 우수한 금융기관은 어떤 조건을 갖추고 있을까. 내 생각을 몇 가지 말해보겠다. 첫째, 대출 담당자를 너무 빈번히 교체하지 않는 곳이 좋다. 나는 절반은 그 이유 때문에 대형 은행 두 군데와 거래를 끊었다. 1년 주기로 교체되는 신임 담당자에게 나의 복잡한 사업 내용을 가르쳐주어야 하는 게 싫었던 것이다. 나머지 절반은 그들이 융자 의뢰에 응하기까지 8주에서 10주라는 엄청나게 긴 시간이 걸렸기 때문이었다.

이러한 장애들은 대형 관료 조직과의 거래에서는 피할 수 없는 조건의 일부라고 말하는 사람들도 많다. 그럴지도 모르지만, 그것은 전부 어딘가 멀리 있는 '얼굴 없는 심사부장'의 심사를 통과하고 나서 융자를 받아야 하기 때문이란다. 융자의 결정권이 지방에 분산되어 있지 않아서 지방 지점의 지점장이 자기 재량으로 대규모 융자를 승인하는 일이 불가능하기 때문이다. 전혀 반대의 예가 지금 내가 자주 거래하는 은행이다. 이 은행은 세계에서 20위 정도의 규모이지만 간부 직원들은 지역마다 종신고용이기 때문에 나는 해마다 신임 담당자에게 우리 회사를 소개하는 수고를 덜 수 있고, 그들도 우리의 제안에 대하여 '적합', '부적합' 혹은 '대안을 고려 중'이라는 회답을 2주일 이내에 낼 수가 있다.

나는 예전의 대형 은행에 융자를 받았던 20년 간, 심사부장과도 만난 적이 없었다. 지금 거래하는 은행은 행장, 부행장 그리고 심사부장 모두가 내가 어떤 사람인지를 잘 알고 있다.

나는 이제 로봇을 상대할 필요가 없어진 것이다. 상아탑을 나와 고객의 정원에서 만나는, 멋진 은행가와 이야기할 수 있게 되었다. 덕분에 나는 누구와 교섭을 하고 있는지, 그리고 누가 나와의 거래에 긍정적인 혹은 부정적인 결정을 내리고 있는지를 알 수가 있다. 또한 기쁘게도 그들 역시 융자처에 대하여 손익계산서뿐 아니라 거래처 사람들의 인품에 관해서도 알고자 한다.

대출기관은 위험과 보증이라는 두 가지 단어를 염두에 두고 교섭한단다. 차입에 성공하기 위한 열쇠는 융자에 수반하는 위험이 보증이나 담보로 적절히 상쇄될 수 있다고 대출기관을 안심시키는 것이지. 대출기관이 부담하는 위험이 클수록 필요한 담보도 커질 것이다. 내가 항상 필요한 자금을 빌릴 수 있었던 이유의 대부분은 아마 충분한 보증을 결코 꺼리지 않았기 때문일 게다. 그러나 많은 사업가들은 자금을 차입할 때 담보 걸기를 주저하고, 경우에 따라서는 거부하기도 한다. 이래서는 대출기관 쪽에서도 교섭할 도리가 없지 않겠니. 어느 정도 신뢰할 수 있는지 판단할 수 없을 테고, 아직 실적이 없는 고객에 대해서는 더욱 그러하다.

우리와 친한 은행가는 우리가 제안하는 계획에서 다음과 같은 점을 면밀히 심사할 것이다. 차입의 목적, 경영진의 능력과 과거의 실적, 회사의 현황과 재무 상황, 이 차입금의 이자와 원금의 변제를 가능하게 하는 우리의 향후 변제 능력, 그리고 우리가 내놓는 담보의 수준 말이다.

은행가가 융자를 거부하고 대안의 검토도 바라지 않으며 다른 금융기관에 소개조차 해주려 하지 않는다면 그가 우리에게 중요한(최선의) 조언을 무료로 해주고 있다고 생각해도 좋다. 계획 전체를 다시 한 번, 처음부터 끝까지 철저히 검토하라고 충고하고 있는 것이다.

은행가가 융자를 승낙한 경우, 식사비의 계산은 은행에 맡기자. 우리는 이제 그들의 고객이니까.

– 너의 재무고문으로서 아버지가

# 최고경영자를 겨냥해라

딸은 충분한 자격이 있음에도 불구하고 차기 사장 후보에 출마하지 않는다. 아버지는 몇 가지 이유 때문에 망설이고 있는 딸에게 따뜻한 격려로 용기를 북돋운다.

### 사랑하는 줄리에게

오랜 세월 함께 일했지만, 내가 너의 결정에 참견할 필요를 느낀 적은 거의 없었단다. 나는 네 아버지로서도, 혹은 고용주로서도 되도록 너의 생활에 간섭하고 싶지 않다고 생각하지만, 네가 최근에 내린 중대한 결정에는 이론을 제기하지 않을 수 없구나.

너희 회사의 사장이 6개월 후에 은퇴하게 된 지금, 네가 왜 그 후임으로 입후보하지 않는지 나는 이해할 수가 없다. 마케팅 담당 부사장이라는 현재의 지위를 획득하기 위해서 대단한 노력이 필요했을 것이다. 때로는 가정생활도 희생해야 했지만 너희 부부는 그것을 훌륭히 극복해왔다. 이렇게 가정적으로도 도움을 받아, 경영의 수완을 누구에게나 높이 평가받으며 지금까지 승진의 계단을 한 단계 한 단계 우수한 성적으로 올라 최후의 한 칸만을 남겨놓고 있는 지금, 너는 왜 최고의 지위를 단념하려 하는지 모르겠다.

너는 주로 다음 세 가지를 걱정하는 모양이더구나. 너무 바쁘지는 않을까, 너무 잔걱정이 많지는 않을까, 그리고 내게 그 자격이 없는 것은 아닐까. 아버지의 눈으로 보기에 너의 마음에는 미지의 것에 대한 일말의 두려움도 잠자고 있음을 알 수 있다. 우선 이 점에 관해 생각해보자.

사장이 할 일 중에 네가 알지 못하는 것이 무엇일까. 사장에 취임하는 일은 의심할 바 없이 커다란 도전이다. 그러나 너는 도전에 익숙하지 않니. 이 점에서는 네가 두려워하는 새로운 요소는 아무것도 없단다. 인사, 조직, 그리고 손익을 계산하는 데 지금까지 하던 대로 너의 능력을 살리면 된다. 다만 규모가 다소 커질 뿐이지, 이러한 면에서 무언가 네가 경험하기 위한 것이 있을까? 아무것도 없다. 나는 자주 네게 "무엇보다도 두려워하지 않으면 안 되는 것은 공포심이다."라는 소로의 말을 인용했다. 너는 이 말을 상기할 필요가 있을 것 같다.

다음으로 너의 상승 지향을 방해하는 세 가지 걱정에 관해 생각해보도록 하자. 사장의 임무를 수행하다 보면 지나치게 바빠질 것이라고 하는데 나는 납득할 수 없다. 우수한 경영자는 시간 관리의 명인이라는 것이 실업계를 35년 간 관찰한 끝에 이끌어낸 나의 결론이다. 그들은 시간을 효과적으로 사용하여 자신의 능력을 최대한 발휘하고, 최대한의 필요와 욕망을 채우기 위하여 하루, 1주일, 1개월, 그리고 1년 단위로 면밀히 시간을 배분한다. 그리고 일은 물론 인생의 온갖 즐거움(가족, 친구, 여행, 자선 활동, 운동, 휴양, 혹은 순수한 사색)에 능숙하게 시간을 할당한다.

내 생각에는 이러한 관리직 중에서도 특히 뛰어난 사람은 1주일에 4일은 사원, 경영간부, 고객, 은행가, 연구자, 정부 공무원들과 정력적으로 만나며 사업을 경영하고 하루는 조용히, 편안한 마음으로 한 주를 반성하는 동시에 다음 주나 다음 달의 계획을 세심하게 세우는 사람들이다. 하루는 '생각하는 날'로 남겨두어야 한다. 결국 생각하는 것이 사장의 일이니까.

지나치게 바쁜 사장은 반복적이고 시간을 잡아먹을 뿐인 일은 부하 직원에게 맡겨야 한다. 너에게는 오랜 세월 일, 친구, 가정에 아주 훌륭히 시간을 배분해온 경험이 있으므로, 시간 관리에는 이미 숙달되어 있다. 지금까지 이렇게 능숙하게, 이렇게 많은 일을 마음껏 조종해온 것을 생각하면, 사장의 임무를 수행하지 못할 이유가 없다. 막내도 이제 곧 대학생이 되니까.

네가 주저하는 두 번째 이유는 이 일에는 잔걱정이 많기 때문이라고 들었다. 사장의 업무에 잔걱정이 많다면 그것은 일의 절차를 확실히 해두지 않은 탓이다. 잔걱정의 씨앗은—그리고 그 해독제도— 모두 사람에게 달려 있다. 임무를 맡아 수행할 능력이 있는 사원을 한 사람 더 뽑는다면 너의 피로는 그만큼 덜 수 있다. 사람 중심의 사업 계획과 팀워크가 가져오는 상승 효과의 소중함을 나는 거듭 강조해왔다. 지금도 그것이 우수한 사업을 지탱하는 힘이라고 여기고 있으며, 앞으로도 계속 그러할 것이다.

회사 생활에는 당연히 쓸데없는 문제들이 따라다니게 마련이다. 너는 오랫동안 어리석은 회계 기준과 시시한 생산 쪽의 문제에 개혁이 필요하다는 너의 의견을 수용하려 들지 않는 현 사장의 완고함을 견뎌왔다. 이 모든 것들은 너희 회사의 사기와 능률에 악영향을 미쳐왔다. 네가 사장이라면 이렇게 사람을 애타게 하는 사태가 발생했을 때 언제든지 시정할 수 있다. 너의 실력은 경영이라는 진정한 도전에 의해서만 평가받는다는 것을 항상 마음에 두어야 한다. 작은 걱정에 얽매여서는 안 된다.

다음으로 네가 든 세 번째 문제점에 관해 생각해보자. 너는 이 최고의 지위에 걸맞는 능력이 없다고 생각하고 있다. 자신의 능력을 현실적으로 평가하는 것은 매우 좋은 일이다. 그러나 자신의 능력을 과소평가하는 것은 과대평가하는 것만큼 중대한 잘못이다. 너의 실적과 경험은 이 지위에 오르기 위한 기본적인 조건을 충족시키고 있다. 우수한 사장이 가져야 하는 비전, 지도력, 결의는 그러한 기본 위에 나온다.

비전이란 회사를 언제까지, 어디로 이끌 것인가를 결정하는 것을 의미한다. 우수한 지도력이란 목적 달성까지의 과정을 계획하고, 그 계획을 실행에 옮기는 적임자를 찾는다는 의미이다. 결의한 이 두 가지가 도중에 어떤 장애를 만나더라도 반드시 목적을 달성하는 힘이다(만일 네가 자신의 결의를 측정하고 싶다면, 과거 10년 간 네가 계획하고 달성하지 못했던 프로젝트를 세어보면 된다. 몇 개 없을 것이다).

승리도 패배도 없는 잿빛 어둠에 살면서 큰 기쁨도 슬픔도 모르는 무기력한 이와 동류가 되기보다는, 실패를 두려워하지 말고 대담한 목적에 도전하여 빛나는 승리를 쟁취하는 편이 훨씬 바람직하다. 시어도어 루스벨트가 쓴 말을 기억해라.

"승리도 패배도 모르는 어두운 땅거미 속에 살면서 많이 고민하지도 즐기지도 않는 불쌍한 영혼들과 어깨를 나란히 하는 것보다 실패로 변화가 있다 할지라도 거대한 일에 부딪쳐 명예롭게 승리하는 것이 훨씬 낫다."

사장이 되어 실패하는 사람들 중에는 조직력이 부족한 사람이 많단다. 그런데 너는 그렇지 않다. 또한 그들은 종종 의사전달을 제대로 하지 못하지만 너는 다르다. 그리고 그들은 소중한 인재나 일류 컨설턴트를 잘 발견하지 못하지만, 너는 또 이런 면에서도 다르다. 그러나 사장이라고 해서 네가 모든 것을 알 필요는 없다(모든 것을 아는 사람이 있을 리가 없다. 모든 것을 안다고 믿고 있는 사람이 있을 뿐이다).

네가 알아야 할 것은 회사 경영을 위한 다양한 업무를 통합하여 전체를 하나로 정리하고 원만하게 진행하는 일이다. 그리고 문제를 신속히 파헤쳐 시정하는 일이다. '무너지지 않는다면 고치지 않아도 된다.'는 논리에 굴해서는 안 된다. 너희 회사의 제품이나 서비스는 우수하지만 그렇다고 개선의 여지가 없는 것은 아니다. 항상 그 질과 성능을 향상시켜, 회사나 소비자를 위해 비용을 절감하는 방법을 생각하지 않으면 반드시 타사의 누군가에게 뒤처질 것이다.

너는 이러한 것을 전부 알고 있다. 그렇지 않다면 내가 중요한 부문의 책임자가 되고부터 이렇게 급속히, 그리고 착실하게 회사가 성장하지 못했을 것이다. 너는 지금까지 오랫동안 훌륭하게 임무를 완수해왔기 때문에 사장이 되어도 아무런 곤란을 느끼지 않고 임무를 수행할 수 있을 것이다(사장의 의자는 너의 의자보다 조금 높고 가죽의 질도 좋지만, 너는 그것도 문제없이 다룰 수 있겠지).

너희 부부를 위해 너희들이 좋아하는 해변행 열차표 두 장을 동봉한다. 잠시 일상을 떠나 대자연의 고요 속에서 이 중대한 결정에 관해 조금 더 깊이 생각하는 데 써준다면 기쁘겠다.

– 좋은 여행이 되기를 바라며 아버지가

# 내 인생의 성적표

딸은 드디어 사장이 되었다. 아버지는 직장에서나 가정에서나 맡은
역할을 훌륭히 수행해내는 딸이 몹시 자랑스럽다.

### 사랑하는 딸에게

너도 알다시피 나는 항상 우리 회사 임원들에게 건전한 사고와 우
수한 지도력을 갖추고, 강한 자립심을 가져달라고 부탁해왔다. 그러
므로 개성이 강한 여섯 임원의 의견이 완전히 일치하여 결론에 도달
하기까지는 상당히 격렬한 논쟁의 폭풍우가 몰아치곤 한다. 그 때문
에 그들이 모두 업계의 유력자인데도 우리의 회의는 통상 그다지 임
원 회의답지 않고, 투표 결과가 무승부가 될 때마다 나는 회장으로
서 결정표를 던지는 처지가 된단다. 너도 내가 임원회를 '반항집단'
이라 부르는 것을 아마 들은 적이 있을 게다.

그러나 어제, 너희 회사의 신임 사장 선출이 의제였던 임원회의에서는 반항집단의 분위기는 전혀 없었단다. 우리 회사의 사장을 뽑는 일이라 평상시라면 그야말로 처절한 '집안 싸움'이 되었을 터인데 이번에는 다르더구나.

임원회에 제출된 세 명의 사장 후보에는 너도 포함되어 있었기 때문에, 나는 다른 임원들에게 이 문제에 관한 나의 개인적인 감정에 신경 쓰지 말고 그 지위에 가장 어울리는 인물을 선출하는 일이 그들의 책임이라는 말을 남기고 자리를 비켜주었다(어째서 구태여 다짐을 해두었는지는 나 자신도 모르겠구나. 그들은 지금까지 오랜 기간, 거의 모든 문제에서 나의 감정 따위에 신경을 쓴 일이 없었기 때문이다).

나는 솔직히 결정이 나기까지 몇 시간에 걸쳐 논의와 언쟁이 이어지리라 생각했기 때문에, 20분 후 회의실로 와달라는 전화를 받았을 때 놀라지 않을 수 없었단다. 회의실로 돌아가자 내가 없는 동안 의장을 대행한 임원이 임원회는 불과 한 번의 투표로, 그것도 만장일치로 너를 선출했다고 보고하더구나. 그리고 모두들 다른 두 후보도 훌륭한 자격을 갖추었지만, 너의 자격은 그들 중 단연 으뜸으로 이 선택은 간단했다고 하더라. 이것이 저 비뚤어진 '반항집단'이 한 일이란 말인가!

그 말은 물론 내 귀에 음악처럼 감미로웠다. 네게 그런 자격이 있다는 사실은 알고 있었다. 아니면 이 경쟁에 참가하라고 권하지도 않았을 테니까. '회장의 딸'에게는 지위에 맞는 자격이 증명되었다 해도 세간의 시선이 곱지 않은 법이지. 만일 네게 자격이 없었다면 이런 큰 역할을 맡아주었으면 하는 생각도 하지 않았을 거다. 그러나 어떤 사람들은 부모의 힘으로 사장이 되었다고 말할지도 모른다.

물론 우리 임원회의를 안다면 그런 말을 할 리가 없지만.

그런 이유로 네 엄마와 나는 이 소식을 전달하는 사자로서 기꺼이 별장에 있는 너희 일가를 방문했지. 우리의 소식이 가져온 그 멋진 광경을 나는 결코 잊지 못할 것 같구나. 아이들은 환호성을 지르고, 네 엄마는 뚝뚝 눈물을 떨어뜨렸고, 너는 애써 평정을 유지하였으며, 네 남편은 자랑스러움을 억누르지 못하더구나. 네 남편의 눈에도 일순 눈물이 비친 것처럼 보인 것은 나의 착각일까. 그리고 내 눈시울이 젖은 것은 네가 그날 잔디밭에 뿌린 제초제 탓뿐이었을까.

최근 너희들과 함께 보낸 1주일처럼 즐거운 휴가를 보낸 게 몇 년 만인지 모르겠다. 모두 들떠서 끈질기게 너를 사장이라 부르며 떠들어댔지만, 위대한 자연에는 지금까지 발명된 어떤 진정제보다도 강하게 심신의 흥분을 식히는 마력이 있다.

어느 날 저녁, 의자에 기대앉아 조용한 호숫가에서 바비큐 파티를 즐기고 있는 너희들을 바라보았을 때, 나는 그것이 내가 지금까지 본 가장 아름다운 광경이라 생각했단다. 우리는 좀처럼 이렇게 한숨 돌리면서 행복한 한때를 맛보려고 하지 않는다.

내 눈 앞의 어떤 광경이 나에게 이렇게 큰 기쁨을 주는지 나 자신에게 물어보았다. 가족 모두의 건강을 제외하면, 그것은 가족 한 사람 한 사람이 정력적으로 무언가 목적을 추구하고, 각자의 능력을 최대한 키우려고 하는 점이었다. 또한 각자 자력으로 획득한 자신감이 엿보인 점도 기뻤다. 자신감은 내가 가족에게 바라는 것 중에서 매우 높은 순위를 차지하고 있지. 이 점에서도 너와 비길 자는 없다.

나는 네가 지난주에 엄마를 깜짝 놀라게 하기 위해 몰래 생일 파티를 계획하고, 모든 일의(그리고 전원의) 지휘를 하는 모습을 보고 만족스런 미소를 띠지 않을 수 없었단다. 너는 그 관리 능력을 아낌없이 발휘하여 계획에 관계된 사람들 전원에게 세심한 배려를 보여주었지. 그리고 그 파티를 훌륭히 주재했다. 너는 이제 어떤 고난에 처하더라도 아버지의 도움을 빌지 않고 충분히 대처할 수 있을 정도로 성장했다는 확신에 나의 마음은 뿌듯하다. 그렇다고 내가 앞으로 조언을 일체 하지 않겠다는 의미는 아니란다. 그러나 네가 조언을 필요로 하는 일은 거의 없을 것 같구나. 인생의 모든 면에 적극적으로 임하는 너의 자세, 목표의 선택과 추구, 성실함, 사람들에 대한 관대함, 비즈니스에서 보여주는 행동의 기민함, 부단한 학습 계획, 그리고 지식 탐구의 결과 너의 인생의 성적표에는 최고의 득점이 기입되어 있다. 19세기의 영국 시인 필립 베일리의 "중요한 것은 얼마나 오래 살았는가가 아니라 어떻게 살았는가이다."라는 말의 살아 있는 증거가 바로 너란다.

지역사회나 자선단체에서 네 활동 또한 같은 사실을 증명한단다. 네게는 말하지 않았지만, 나는 네가 지금까지 오랜 세월 불운에 처한 친구와 동료를 충실히 지원하고 있는 모습을 무엇보다 기특하게 생각한단다. 너는 이 세상을 많은 사람에게 살기 좋은 곳으로 만들기 위해 항상 너의 시간과 정력과 능력을 세상에 '환원' 해왔다.

인생의 장을 넘기며, 이 즐겁고 스릴 넘치는 모험 이야기의 마지막에 이르러, 나는 로마의 시인 호라티우스의 말을 생각한다.

"행복한 일생을 보냈다고 말할 수 있는 사람, 그리고 충분한 대접을 받은 손님처럼 만족하며 이 세상에서 물러날 수 있는 사람은 흔치 않다."

187

나는 아직 파티를 끝내고 떠날 생각은 없지만, 그때가 온다면 최고로 멋진 딸과 인생을 나눌 수 있었던 아버지로서 큰 만족감에 차서 떠나가겠지. 내가 지금 이런 얘기를 하는 이유는 딸에게 이렇게 이야기하고 싶지만, 이 세상과 저 세상은 의사소통이 마음대로 되지 않는다는 사실을 깨달은, 애정이 깊은 아버지가 많기 때문이란다. 그러므로 나는 미리 너에게 내 마음을 전하고, 이를 기록으로 남겨두고 싶구나.

나는 앞으로도 너의 모습을 보기 위해 때때로 얼굴을 내밀 거란다. 그 이외의 시간은 여느 때처럼 나의 '정원'의 다른 곳들을 손질하고 있겠지 — 이 부근에 뭔가 조금 더 심고, 그 부근은 가지를 치고, 수확을 하며, 무엇보다도 그 아름다운 광경을 즐기련다. 나는 지금까지 오랜 세월에 걸쳐 너에게 수많은 조언을 해왔지만 지금 한마디를 남긴다면, 때로는 멈추어 서서 아름다운 풍경을 바라보며, 네 자신의 정원에 핀 여러 가지 꽃의 향기를 즐기는 일을 잊지 말라고 당부하고 싶다.

나 자신의 성적표는 어떻게 되어 있을까. 창조주가 거기에 점수를 기입할 때가 되면, 나는 아마도 '자녀 양육'에 가장 좋은 점수를 받지 않을까 싶다. 만일 그렇다면, 나는 네 덕분에 인생의 과제 중에서 자녀 양육을 가장 좋아하게 되었기 때문일 것이다.


– 큰 사랑을 담아 아버지가

# 딸에게 아버지는
# 인생의 롤모델이다

　나는 대학에서 학생들을 가르치면서 틈틈이 시간이 날 때마다 제자들에게 전해주고 싶은 것들을 편지 글로 정리하여 〈붕어빵 하나〉라는 책을 발간한 적이 있다. 그런데 합리적이고 구체적인 표현을 잘하는 서구 문화권에서 발간된 딸에게 보내는 아버지의 편지 글을 담은 책을 발견하고는, 궁금함과 설렘이 동시에 느껴졌다. 막상 책을 읽어보니 정말 무릎을 탁 치며 흐뭇한 미소를 짓게 되는 경우가 한두 번이 아니었다. 동서양을 관통하는 부모의 자녀에 대한 애틋함은 놀랍도록 비슷했고, 거의 일치하다시피 함을 확인했다.

　이 책에서는 귀여운 딸이 성장하여 사회의 구성원으로 활동하는데 필요한 요소들을 아버지이자 스승의 입장에서 구체적이고 현실적으로 다루고 있다. 그리고 그동안 학교나 사회, 그 어떤 곳에서도 알려주지 않았던 여성의 문제들에 대한 진지한 고민과 해결책을 제시하고 있다. 단지 아버지로서 애틋한 마음만이 아닌 독립적인 존재로서의 성공방법을 현실적인 입장에서 찾아냄으로써 충분한 공감을 이끌어내고 있는 것이다.

창업세대들이 피땀 흘려 세운 기업들을 다음 세대로 안정적으로 승계하여 존속시키기란 그리 쉬운 일이 아니다. 창업단계에서는 성공을 구가하던 빼어난 기업들도 수십 년의 시간이 흐른 뒤 흔적도 없이 자취를 감춘 사례가 한두 곳이 아니다. 외부적인 환경변화에 적응하지 못하여 도태되는 기업도 있지만, 2~3세로 승계되는 과정에서 준비가 부족하여 사라진 경우가 더 많다. 즉, 경영수업이 충분히 안된 상태에서 물려받다 보니, 그 무게를 감당하지 못하고 수성에 실패하게 되는 것이다. 이 책에서는 창업세대인 아버지가 딸에게 그냥 경영권만이 아닌 구체적인 경영 노하우와 마인드에 대해 당부하는 내용을 담고 있다. 그것은 비단 경영의 승계를 위해서만이 아니라, 삶의 가치와 철학이 왜 중요한지를 구체적인 사례를 들어 상세하게 설명하고 있다. 즉, 단순히 아버지를 넘어 인생의 선배이자 스승으로서 딸의 성공과 행복을 바라는 진지함이 알알이 배여 있다.

가정에서 자녀교육이 간과됨으로써 아이들은 나약하고 의존적으로 성장하고 있고, 어른이 되더라도 매우 심각한 문제를 양산하고 있다. 하지만 삶의 가치관을 확립하고 인성을 키우는 문제는 학교에서도 가르쳐주지 않는다. 더구나 정글과 같은 사회라는 생존현장에서 배우기란 더욱 힘든 내용들이다. 결국 각각의 부모들이 찾아서 해결해야 하는 가정 단위의 문제이다.

현재 청년층의 고민은 한두 가지가 아니다. 이들은 바늘구멍 같은 취업난은 물론이고, 어렵게 취업했더라도 천정부지로 오른 집값에 결혼마저 미루게 되는 답답한 시대의 희생양들이다. 하지만 진정으로 우리가 자녀들에게 물려줘야 할 것은 취직을 도와주고 집장만 해주는 일이 아니다. 더군다나 자녀의 역할을 거의 대신하다시피 하며 대신 선수로 뛰어주는 것은 올바르지 않은데다가 그 효과도 미지수다. 그건 사랑의 차원을 넘어선 잘못된 방법이다.

"물고기를 잡아주지 말고 잡는 법을 알려주라."는 격언처럼, 진정으로 자녀를 위한다면 잘 성장하도록 도와주는 코칭 역할이 필요하다. 금수저를 물려줄 것이 아니라 이 세상을 제대로 살아가는 법을 알려주고, 진정으로 필요한 게 무엇인지를 깨닫게 해주는 것이 더 중요하다.

시대와 공간을 초월하여 그 가치와 존재감이 빛나는 도서가 '고전'이라면, 이 책은 고전으로서 충분한 가치를 지니고 있다. 특히 지금과 같은 여성의 역할이 중요해지는 시대에서 삶의 가치와 올바른 생활방식을 딸과 공유하는 것은 사회적으로도 매우 유의미하다. 여성교육이 사회에 미치는 영향이 엄청나다는 것은 이미 우리가 경험한 바 그대로다. 우리나라의 교육열과 여성교육 비중은 세계적으로도 정평이 나 있지 않은가. 이 책에서 제시하는 바와 마찬가지로 우리의 딸들이 자신의 능력을 십분 발휘하고 행복함으로써 우리 사회가 더욱 희망 넘치는 살만한 곳이 되기를 기대해 본다.

김 대 식

# 사랑하는 나의 딸에게

초판 1쇄 · 2020년 12월 15일

지은이 · G. 킹슬리 워드
편  역 · 김대식
제  작 · ㈜봄봄미디어
펴낸곳 · 봄봄스토리
등  록 · 2015년 9월 17일(No. 2015-000297호)
전  화 · 070-7740-2001
이메일 · bombomstory@daum.net

ISBN 979-11-89090-41-8(03320)
값 15,000원